Sybil Gräfin Schönfeldt

WENN WIR UNS MITTEN IM LEBEN MEINEN

Sybil Gräfin Schönfeldt

WENN WIR UNS MITTEN IM LEBEN MEINEN

Gedanken über Leben und Sterben

Piper
München Zürich

ISBN 3-492-04617-7

Satz: Satz für Satz. Barbara Reischmann, Leutkirch
Druck und Bindung: GGP Media GmbH, Pößneck
Printed in Germany

www.piper.de

Inhalt

Vorwort

Der Tod im Leben. Das Ende, das zum Anfang gehört. Jeder weiß, was das bedeutet, und die Boten des Todes warten auf das Kind, um es so weit zu begleiten, wie es nötig ist. Sie sind nicht unsichtbar, aber sie werden oft nicht wahrgenommen. Sie werden verleugnet, als ob wir ewig leben könnten. Sie werden verdrängt, als ob man sie vernichten könnte. Sie deuten auf eine Wahrheit, die nur zu ertragen ist, wenn man nicht flieht.

Wie getreulich im Laufe eines Lebens der Tod unser Weggefährte ist, zeigen die Rückblicke auf die eigene Vergangenheit. Wie er die Dichter berührt, die Verse aus der abendländischen Lyrik. Und wie er Riten und Regeln hat entstehen lassen, mit denen man Verlust und Trauer vielleicht besser erträgt, zeigen die Bilder aus der Vergangenheit unserer Kulturen.

Und alles dies sagt, daß ich nicht allein bin mit meinem Tod. Wir haben lebendige, irdische Weggefährten, und viele warten nur darauf, über den Tod zu sprechen, über die Angst vor dem Tode, über die Erlösung durch den Tod, über den eigenen Tod, über den unserer Liebsten, über das Leben mit dem Tod: Er setzt den Punkt. Er ist das Ende des Diesseits. Nichts kann mehr geändert, nichts besser gemacht werden. Dessen sollte man sich bewußt sein, sollte versuchen, das Leben vom Tode her zu sehen und zu ordnen – nicht nur der eigenen Ruhe und des eigenen Heils wegen, sondern auch wegen der anderen, die mit unserem Leben und mit unserem Tod verbunden sind.

Wenn man einmal damit begonnen hat, über den Tod, über das Ende, den endgültigen Schluß nachzudenken, fällt einem so viel zum Leben ein, erkennt man so viele Möglichkeiten, dieses Leben wirklich zu leben – gerade, weil man seine Grenzen sieht –, daß man bei allem Schauer vor dem Unbekannten jeden Tag genießen kann, der uns gewährt wird.

Hamburg, im April 2004 *Sybil Gräfin Schönfeldt*

Lied aus dem Spanischen

Gestern liebt ich,
Heute leid ich,
Morgen sterb ich:
Dennoch denk ich
Heut und morgen
Gern an gestern.

GOTTHOLD EPHRAIM LESSING

Schiefer

Die erste Erinnerung zeigt Schiefer, grausilbrige, splittrige Platten. Das Haus des Urgroßonkels stand am Weg, der zu den Weingärten führte, und überall kam der Schiefer durch, gleich unter der dünnen Erdschicht im Garten, der hinter dem Haus den Hügel hinaufstieg, und im Vordergarten waren die Stufen zum Gartentor hinunter in den Schiefer geschlagen.

Der Frost sprengte kleine Platten ab, Schiefertafeln für die Puppen, Bauplatten für Moosgärtchen, in denen Leute aus Eicheln und Kastanien saßen, starr und steif, dünne Damen und fette Kerle.

Blank und silbern der Pfad hügelauf, gesäumt von Huflattich, Brombeerhecken, wilden Rosen, manchmal eine dieser zarten Glockenblumen an haarfeinen Stielen, kaum Blätter, sehr blaue Kelche, die über Gras und Kraut zu schweben scheinen und in jedem Windhauch tanzen. Wenn man sie pflückt, leben sie nur einen Tag.

»Sie wachsen ja nach«, sagt der Urgroßonkel, aber er malt sie, malt alle wilden Blumen, die das Ufer des Flusses da unten im Tal bunt und üppig säumen, in immer neuen Sträußen und rettet sie vor dem Tode: Rainfarn und Lichtnelke, Schafgarbe und Johanniskraut, Wiesenschaumkraut und Dotterblumen, Weidenröschen und die blaublauen Glockenblumen.

Der Weg bergab ist auf dem Schiefer glatt und manchmal regenglitschig. Wir kannten die Stellen, die man umgehen mußte, aber am Ende des Pfades wartete die offene Tür der

Schmiede. Drinnen, im Düster, flackerte das rote Feuer, und wenn der Schmied lachte, blitzte sein Mund. Das Ping Ping des Hammers und das Rasseln der Wagen auf den Pflastersteinen waren die Tagesgeräusche und folgten dem, der die Straße entlangging, die von Nachbarort zu Nachbarort führte und von Läden gesäumt war. Ein Stoffgeschäft, in dem ich die Stoffproben für Puppenkleider geschenkt bekam, der Bäcker, der Schlachter, eine Scheune als Lichtspielpalast, der Eisenkrämer, ein Schreiner, wieder ein Bäcker, der Milchmann. Hinter seinem Geschäft ging es rechts in ein Tal mit Gärten voller Mirabell- und Pflaumenbäume, geradeaus zum Friedhof, wo unter moosigen Steinen meine Urgroßeltern ruhten, links zum Marktplatz, zum Schloß, zum Fluß mit seiner fruchtbaren Au, mit den Obst- und Gemüsegärtchen, zum Holzlager, zum Bootsverleih, zu den Bleichwiesen, dann über die Kettenbrücke, auf vielen Waldwegen hinauf zu den Burgruinen und über den Berg in ein Tal voller Apfelbäume.

Schaute man von dort oben, von den schiefergrauen, dornenumsponnenen Mauerresten ins Tal, so sah man die anderen Reste, die der Mauer, die einst die ganze Stadt umschlossen hatte. Schiefergraue Reste, schiefergraue runde Türme, alle bis auf einen erhalten, alle mit einem Namen bezeichnet, sie hießen Kornturm und Katerlieschenturm und Pulverturm und Hexenturm. Hexen, wie im Märchen?

»Ja, darin lagen sie gefangen«, und zwischen den Salatbeeten und dem Lauchfeld des Gärtners hindurch konnte man zum Törchen gehen und in den Turm hineinschauen. Düsternis, Unkraut, eine alte Schubkarre, schiefergraue Mauern wie ein Rohr, und oben schaute der Himmel hinein. Unten verrostete Eisenringe zwischen Schiefersteinen. »Gefangen und in Ketten, bis sie starben.«

Ganz allein?

»Ja«, sagte der Gärtner, »mutterseelenallein und gottverlassen.«

Noch konnte ich mir nicht vorstellen, ich sei eine Hexe im Schieferturm, mutterseelenallein und gottverlassen, aber so kamen die Wörter zu den Bildern, die noch nichts befürchten ließen. Ich war noch sicher. Ich kannte jeden Stein, jedes Haus, jeden Geruch: den Feueratem der Schmiede, den Dunggeruch bei der Bauersfrau daneben, die uns die warmen Eier aus den Nestern las, den süßen Geruch des Hefeteigs beim Bäcker, dessen Geselle mich in die Backstube nahm, was mich so entzückte, daß ich ihm sagte: »Gell, wenn ich groß bin, heiratest du mich!« Dazu hatte ich aber auch den Schreinergesellen von gegenüber aufgefordert, dessen Holzduft und Hobelspäne es mir ebenso angetan hatten, und sie foppten mich meine ganze Kinderzeit hindurch: »Ei, wann bist du denn groß genug? Und wer von uns beiden soll's wohl werden?«

Als ich wirklich groß war, trugen sie Feldgrau und kehrten nicht wieder.

Als ich wirklich groß war, verschwand die kleine Stadt zwischen Weinbergen und Fluß im März 1945 im Hagel und Feuer dreier Bombenteppiche, waren alle Brücken über den Fluß und die Bäche, waren die Bahnschienen von den flüchtenden deutschen Soldaten gesprengt worden.

Als ich im Herbst, auf dem wochenlangen Heimweg aus dem Krieg, mich vergewissern wollte, wer noch lebte, als ich zu Fuß den Fluß entlang bis zu jener Biegung kam, von der aus Burgberg und Kettenbrücke, schiefergraue Wachtürme und schiefergraue Stadtmauer zu sehen waren, stiegen immer noch Rauch und Staub aus einer Trümmerwüste. Bomben hatten das Flußufer zerfetzt.

Nie wieder blühten dort Blumen. Bomben hatten eine Flanke in den Burgberg gerissen. Nie wieder wuchs dort Wald. Das Haus im Weinberg gab es nicht mehr, und über die Schuttberge kam mir meine Großtante entgegen, hager, am Stock. Sie lebte. Die Stadt war tot.

Ihr Skelett lag bloß. Schiefer und Schieferscherben, die

ältesten Grundmauern und Kellergewölbe, aus unregelmäßig geschichteten Schieferplatten, fest für Jahrhunderte, jetzt zerschellt. Was stehengeblieben war, stürzte beim ersten sich nähernden Schritt ein und begrub Mann und Kind unter sich. Die Mauerreste ragten scharf wie Glasscherben aus den Trümmern, und es wurde so schnell wie möglich Haus für Haus hochgezogen an Stellen, wo nicht erst Schieferberge abgetragen werden mußten. Eine andere Stadt entstand. Vorbei alles, was war.

Als wir einmal, Jahre später, die Großtante besuchten, sagte sie zu uns: »Ach, nehmt mich ein Stück mit, bis zum Wehr. Ich steige dann aus und gehe zu Fuß zurück. Es ist so ein schöner Weg.«

Wir fuhren vorbei an den ausgebrannten Ruinen der alten Kurhäuser, immer noch still und verlassen im Park am Fluß. Was bewohnbar war, diente Flüchtlingen als Heim. Wir hielten oberhalb des Wehrs. Sie stieg aus. »Ist dir der Weg wirklich nicht zu weit?«

»Nein, nein, ich hab ja den Stock dabei.«

Sie ging, immer noch so hager wie damals, ging einen Weg, den ich Stein für Stein kannte, in eine Stadt, die es nicht mehr gab. Wir schauten ihr nach, wie sie, alt und gebrechlich, langsam zurückging und wie ihre Gestalt immer kleiner wurde. Da brach ich in Tränen aus und konnte nicht aufhören und weinte um die toten Menschen und die toten Häuser, weinte über das Unwiederbringliche, und nichts, was mir das Leben seitdem als Trost beschert hatte, kann diese Tränen stillen.

AUS: **Über Vergänglichkeit**

Noch spür ich ihren Atem auf den Wangen:
Wie kann das sein, daß diese nahen Tage
Fort sind, für immer fort, und ganz vergangen?

Dies ist ein Ding, das keiner voll aussinnt,
Und viel zu grauenvoll, als daß man klage:
Daß alles gleitet und vorüberrinnt

Und daß mein eignes Ich, durch nichts gehemmt,
Herüberglitt aus einem kleinen Kind,
Mir wie ein Hund unheimlich stumm und fremd.

Dann: daß ich auch vor hundert Jahren war
Und meine Ahnen, die im Totenhemd,
Mit mir verwandt sind wie mein eignes Haar,

So eins mit mir als wie mein eignes Haar.

HUGO V. HOFMANNSTHAL

Kleiderkoffer

Alles, was ich besaß, alles, was ich angezogen bekam, hatte schon einem anderen gehört. Die handgesäumten Windeln waren Vorhänge in dem Haus in den Tropen gewesen, in dem meine Großeltern gelebt hatten. In den weißbestickten Baumwollanzügen hatte meine Mutter als Baby in der Wiege gestrampelt, aus deren vielschichtigen Sonnen- und Moskitobehängen Hemdchen für mich genäht worden waren. Meine Kinderkittel bestanden aus dem Stoff der Kimonos, in denen meine Großmutter, wie sie jedesmal träumerisch sagte, wenn sie einen der Kittel wusch, morgens vor Sonnenaufgang auf der Terrasse am Ufer des Flusses gesessen und die Kühle genossen hatte.

Und als ich in die Schule kam und ganz bei ihr und ihrem zweiten Mann lebte, stieg sie mit mir auf den Dachboden und öffnete einen der Rohrplattenkoffer nach dem anderen, die sie aus den Tropen mitgebracht hatte, und zog unter Seidenpapier und Mottenkugeln ein Kinderkleid aus Voile, Spitzen und Schleifen nach dem anderen heraus, schüttelte es, daß die Staubpartikel im Licht flimmerten, und hielt es mir an.

Paßt oder paßt nicht, und selbst wenn es paßte, in Länge und Breite, ein Seufzen. »Deine Mutter war in dem Alter viel zierlicher.« Oder: »Deine Mutter hatte so schöne Locken.«

Ich schrie, als sie meine Haare mit einer Brennschere zu kräuseln versuchte. Ich schrie wie am Spieß, als sie mir die Haare auf lederne Lockenwickler gedreht hatte und ich den Krüllekopf im Spiegel sah, und mein Großvater, mein Stiefgroßvater sagte: »So laß sie doch!«, und ich mußte keine

Korkenzieherlocken tragen und bekam alltags die alten Internatshosen meines Onkels angezogen. Die Tropenkleider hielten nicht lange: »Deine Mutter hat sie Jahre getragen, und du hast sie nur einmal an, und schon ist ein Riß in dem schönen Stoff!«

Die dunkelblauen Jungenshosen aber hatten noch nicht zwei Jahrzehnte in Rohrplattenkoffern gelegen, waren zudem aus unverwüstlichem Stoff für Benutzer genäht, deren noch so wilde Kindheit sie eisern überdauern mußten. So wurde der Hosenschlitz zugenäht, und Hemden bekam ich aus des Großvaters überzähligen Frackhemden genäht. Das war Anfang der dreißiger Jahre, und meine Großmutter sagte: »So viele braucht der Mann ohnehin nie wieder.«

Der Koffer mit den Kleidern der Toten hatte aber nie ausgedient. Er enthielt alles, was meine Mutter im Lauf ihres Lebens getragen und nicht aufgetragen hatte, und all ihre Kinderkittel waren mit doppelten oder dreifachen Säumen genäht. In jedem Frühjahr mußte ich auf den Tisch im Bügelzimmer steigen, bekam die Hänger mit den ausgelassenen Säumen über den Kopf gestreift, und es wurde neu abgesteckt und ich wieder mit der verglichen, die einst in diesem Kleid gelebt hatte und immer gegenwärtig war. »Ach, deine Mutter hatte so schöne braune Augen!« Sie war so gehorsam. Sie war so liebevoll. Sie hat mir immer alles erzählt. Wenn sie nach Hause kam, hat sie immer als erstes nach mir gerufen. Sie ist nie unpünktlich gewesen. Sie hatte nur nette Freundinnen. Sie hatte so viele Verehrer.

»Daß sie ausgerechnet deinen Vater heiraten mußte!«

Und keine Klage um das verlorene Kind, die nicht mit der Beschreibung ihres Todes, ihres langen, schmerzensreichen Todeskampfes geendet hätte. Sie war noch so jung, so voller Lebenskraft, deshalb dauerte es so lange. Deshalb wehrte sie sich so sehr dagegen.

Dieses Kind mit den Korkenzieherlocken, das den Betrachter auf allen Photographien so ernst mit seinen offenbar dunkelbraunen Augen betrachtet, war mehr als jemandes tote Tochter und jemandes tote Mutter. Sie war das Symbol jenes Lebens, das meine Großmutter damals, zu Beginn des 20. Jahrhunderts, mit ihr geführt hatte, auf einer Insel im Indischen Ozean, in einem Haus am Ufer des Flusses, wie es die Spanier nach dem Vorbild der Einheimischen bauten. Und mitten darin das liebliche Kind mit den Locken und dem Blick, der für mich, das Kind dieses Kindes, der Blick des Todes ist, eines sanften, dunkeläugigen Todes.

Meine Großmutter brauchte nur eins der vielen Photos in ihrem Salon anzuschauen, Bilder der toten Tochter unter den Gemälden der toten Ahnfrauen, und schon erklang ihre Klage um das verlorene Leben mit diesem Kind. Und schon klagte sie meinen Vater, ihren Schwiegersohn, an, gab ihm die Schuld am Tod dieser einzigen Tochter, dieses letzten, lebendigen Unterpfandes. »Wenn du sie zu uns geschickt hättest, wo sie in einer sauberen Klinik und bei guten Ärzten hätte entbinden können, dann lebte sie noch heute. Wenn du nicht so eigensinnig gewesen wärst und den ersten Schrei deines Kindes hättest hören wollen ...«

Diese Klage hörte ich oft, aber ich dachte dabei, nicht mein Vater, ich bin schuld. Ich und ihr Tod sind gemeinsam geboren worden. Wenn ich nicht lebte, wäre sie nicht gestorben. Ich bin ihr Tod gewesen.

Die Leute sagten immer, wenn sie mich sahen: »Das arme Kind! Muß ohne Mutter aufwachsen!« Und ich dachte: Warum bedauern sie mich und nicht meine arme Mutter? Wissen sie nicht, wie es wirklich war?

Ich glaube, ich wurde nur gerettet, weil ich noch nicht begriff, was ich dachte. Ich war mit dem Tod gekommen, aber ich wußte noch nicht, wer er war. Jahre später, als ich eine Weile bei meinem Vater lebte, fragte ich ihn das, was ich meine Großmutter nie hätte fragen können: »Bin ich schuld am Tod meiner Mutter?«

Er schüttelte den Kopf. »Nein«, sagte er, »beschwer dir damit nicht dein Herz. Frauen sterben eben im Kindbett.«

Mir lag aber nichts am Herzen, denn ich hatte sie nie gekannt. Sie war eine Tote, von Anfang an. Der Tod hatte sie erstarren lassen. Sie war nicht gestorben, sie war leblos geworden. Eine Photographie. Ich konnte sie anstarren, so oft und so lange ich wollte. All diese Photographien waren keine Bilder, bei denen man sofort die Wirklichkeit derer wiedererkennt, die sie darstellen. Es waren Totenbilder, Feindbilder, nicht weil der Tod ein Feind wäre, sondern weil ich nichts gegen diese stummen Totenbilder setzen konnte, keine eigene lebendige Erinnerung.

Ich sollte aber sein wie sie, und ein Kind kann noch nicht sagen: »Ich bin aber ich!« Es kann noch nicht einmal sagen: »Ich bin lebendig!« Erst recht nicht: »Du kannst mir alles über sie erzählen – weiß ich denn, ob es stimmt?«

Das fragte ich später, als ich zu denken gelernt hatte, aber da war es zu spät. Wie war sie wohl wirklich?

»Ach, sie ist schon so lange tot. Das weiß ich nicht mehr.«

Wer könnte es wissen? Eine Kinderfreundin. »Sie war so süß und anschmiegsam.«

Das paßte zu den Spitzenkleidern und den Korkenzieherlocken, aber wer war sie, als sie sich die Korkenzieherlocken zu einem Mädchenzopf flocht? Als sie sich das erste Mal verliebte und sich die Zöpfe abschneiden ließ und als sich die Haare zu einem Bubikopf bauschten, auf dem letzten, verwischten Schwarz-Weiß-Photo, glattgedrückt vom Hochzeitsschleier und dem in die Stirn gezogenen Kranz?

Nach dem Tode meiner Großtante fand ich in einem vergilbten Kuvert einen irgendwo abgerissenen Zettel, auf dem die fast verblaßten Worte standen, flüchtig, mit Bleistift geschrieben:

»Verlaß mich nicht – ich hab dich immer lieb.«

Auf der Rückseite, mit der klaren, melodischen Schrift

meiner Großtante: »Ihr Letztes, als sie schon nicht mehr sprechen konnte.«

Ich weiß nicht, wie ihre Stimme geklungen hat, ich weiß nicht, wie ihre Haut gerochen hat, ich habe nur ihre Kleider getragen und trage bis heute den goldenen Armreif, den ihre Mutter zu ihrer Geburt von meinem Großvater bekam und den meine Großmutter ihr zu meiner Geburt über den Arm gestreift hatte. Sie trug ihn noch sechs Wochen. Sie hat sechs Wochen lang gegen den Tod gekämpft. Ich weiß nicht, wer sie wirklich war. Sie wußte, daß sie sterben mußte, aber ich weiß nicht, ob sie Angst vorm Sterben hatte. Ich weiß nur, daß sie nicht verlassen und allein gestorben ist.

Weinen und was die Leute sagen

»Du hast bei der Beerdigung deines Vaters gar nicht geweint!« sagte eine alte Verwandte, und das hieß: Du bist ein schlechtes Kind. Sie fragte nicht, ob er vielleicht ein schlechter Vater gewesen sei, um den man nicht weinen mußte. Sie hatte feste Vorstellungen von angemessenen Gefühlen und deren Ausdrucksformen, und sie wäre verblüfft gewesen, wenn sie als Heuchlerin bezeichnet worden wäre, weil sie um den Vetter, der ihr herzlich gleichgültig gewesen war, wie ein bestelltes Klageweib geschluchzt hatte.

Nun fällt das Weinen bei Beerdigungen ziemlich leicht, weil die feierliche Inszenierung auf ein allgemeines Gefühl der Erschütterung trifft, und es braucht nur wenig, um die Tränen hervorzulocken. Meist ist es die Musik, das orgelrauschende »Großer Gott, wir loben dich« oder das leicht gezogene »Ave Maria«, gesungen von einer Stimme, die einem Engel gehören könnte.

Dann ist gut weinen, und dort, in der Kapelle oder in der Kirche, geziemt es sich und tut gut, der Sarg ist meist unter Blumen wie begraben. In modernen Friedhofskapellen gibt es nur dezente Symbole eher der Trauer als des Todes, so daß ich mich einem diffusen Gefühl hingeben kann, ohne aus ihm herausgeführt zu werden – wer weiß zu welchen Gedanken, die mir vielleicht den Schlaf rauben könnten.

So weinen wir, auch Männer dürfen in dieser Stunde und an diesem Ort des Abschieds weinen, und dann sagt der Pastor oder ein Dunkelgekleideter vom Beerdigungsinstitut die entsprechenden Worte über den Toten, den er als Lebendigen meist nicht gekannt hat, und alle warten ergeben, bis er zum letzten Goethe-Zitat kommt, und dann geht man zum offenen Grab, das wie die Examensarbeit eines Event-Friedhofsfloristen hergerichtet ist, samt bequemem, langstieligem Schäufelchen für die Erde. Sie ist etwas sandig, damit sie gefällig auf den blumenbedeckten Sarg rieseln kann und nicht so poltert, daß man an den Sarg oder gar an die Leiche im Sarg denken muß. Oder damit die Erdbrocken eben diese Sargbukette nicht zerschlagen, die bis zum letzten Trauergast erfreuen und auch von dem ablenken sollen, was sie verdecken. Und dann gibt's einen Kaffee in dem Café gegenüber, oder jemand aus der Trauerfamilie fragt: »Ihr kommt doch noch zu uns auf einen Teller Suppe?«, und wenn alle um den Tisch sitzen, reden sie zuerst davon, was für ein guter Mensch der Verstorbene war, und dann kommen ein paar Geschichten, wie er wirklich gewesen ist, und dann redet jeder von der letzten Beerdigung oder von den Krankheiten, und dann sagt einer zufrieden: »War aber eine schöne Beerdigung, oder?« Und ein anderer, es sei doch ein Segen, daß er endlich habe sterben können, so lange, wie er im Heim habe vor sich hindämmern müssen. Oder jemand sagt zur Witwe, was sie denn wolle? »Ihr habt doch so ein schönes, langes Leben zusammen gehabt!« Oder: »Warum weinst du? Er war siebenundachtzig! Hast du gedacht, daß er ewig lebt?«

»Und das Schlimmste daran ist«, sagt die Witwe später, Tage oder Wochen später, »daß sie es alle gut und ehrlich meinen und mir als Trost gesagt haben! Ich aber hätte sie samt und sonders erwürgen mögen. Und wenn er hundert Jahre alt gewesen wäre: Ich habe ihn verloren, ich muß den Rest meines Lebens ohne ihn sein – da soll ich nicht weinen?« Und wieder die Stimmen der Freunde: »Was hast du denn nur? Du bist doch gut versorgt, er hat dir genug Geld hinterlassen, du kannst jetzt doch machen, was du willst!«

Und wenn die Freunde ein Fest geben und sie absagt, weil

sie noch nicht unter Leute gehen mag: »Wieso verkriechst du dich immer noch? Es ist doch fast ein halbes Jahr her, da muß allmählich Schluß mit dieser Trauermiene sein! Reiß dich mal ein bißchen zusammen! Du bist doch nicht die einzige, die ihren Mann verloren hat! Es tut dir doch gut, wenn du abgelenkt wirst!«

»Ich weiß gar nicht, was ich darauf erwidern soll«, sagt sie, und dann geht sie auf den Friedhof, obwohl sie vorher immer gesagt hat, sie fände diese alten Weiber mit ihren Gießkännchen und Gräberschäufelchen einfach gräßlich. »Jetzt bin ich selber ein altes Weib«, und sie sitzt mit den andern auf der Bank vor ihren Gräbern, und sie müssen gar nicht viel miteinander reden. Sie wissen genau, wie dem anderen zumute ist. Sie sagen: »Ja, ja.« Oder: »Solche Petunien kaufe ich nicht noch einmal. Die haben schon den ersten Regen nicht mehr ausgehalten.« Oder höchstens: »Nächsten Monat wäre er achtundachtzig geworden.« Wenn eine weint, wischt sie sich das Gesicht gar nicht ab, denn »hier kann ich mich gehenlassen. Zu Hause sagen die Kinder jedesmal, wenn ich nur zum Taschentuch greife: Ach, Mutter, nun ist aber gut, nimm dich doch zusammen! – Es wird aber eben nie wieder gut sein, doch das können die Jungen noch nicht begreifen.«

Und sie kann sich gerade nicht zusammennehmen, sie ist auseinander. Sie hat die Hälfte ihres Lebens verloren, und die Zukunft noch dazu. Sie ist wie eine zerstörte Stadt. Sie liegt in Trümmern, und wer baut sie wieder auf?

Deshalb ist es gut, wenn es Friedhöfe gibt. Orte der Ruhe, Orte der Besinnung, der Trauer, der Erinnerung, der Tränen.

»Hier bei ihm«, sagte eine alte Frau, »fühl ich mich mehr zu Hause als daheim bei der Familie, die nicht verstehen will, daß ich eine andere geworden bin.«

Noch gibt es diese Orte, denn die Friedhofsverwaltungen registrieren, daß der Trend zur Grabstelle ab- und der zur anonymen oder zur Seebestattung zunimmt. Wer an nichts glaubt, wer keine Kinder oder andere Hinterbliebene hat – oder wer kein Geld für Gräber ausgeben will, der verzichtet auf eine Grabstelle.

Aber noch gibt es Friedhöfe, und ich kann, wenn ich will, von einem Grab zum anderen gehen wie von Freund zu Freund.

Das Grab meines Vaters ist fern. Er liebte die Landschaft seiner Kindheit, und wenn wir im Spätsommer an einer bestimmten Hangwiese vorbeigingen, die immer eines Tages violett von Herbstzeitlosen war, blieb er stehen, schaute sie lange an und sagte: »Wieder ein Jahr vorbei.«

Ich weine um meinen Vater, wenn ich, fern von seinem Grab, fern von seiner Waldwiese die ersten Herbstzeitlosen sehe.

Das Schiff

Das eilende Schiff, es kommt durch die Wogen
Wie Sturmwind geflogen.

Voll Jubel ertönt's vom Mast und vom Kiele:
»Wir nahen dem Ziele.«

Der Fährmann am Steuer spricht traurig und leise:
»Wir segeln im Kreise.«

MARIE v. EBNER-ESCHENBACH

Der große Schrank

Alles war zu groß, war Bruchstück, stammte von Toten. Der Schrank, Kassetten und Korpus aus herbstgelbem, blankem Holz, Füße so hoch, daß sich ein Kind einen Spielwinkel darunter einrichten konnte, Türen wie Tore, hatte in einer Halle gestanden. Jetzt war ihm die Krone abgesägt worden, damit er in die Wohnstube paßte.

Die Teppiche hatte meine Großmutter mit einer Schneiderschere kleingeschnitten, und die Reste kamen in einer Holzkiste auf den obersten Dachboden. War eine Stelle blankgetreten, so wurde nach langer Beratung mit dem Tapeziermeister ein Flicken ausgesucht, und er nähte ihn mit seiner halbmondkrummen Nadel so ein, daß man es kaum sah.

Die Wände waren dicht an dicht mit Ahnenbildern gepflastert. Blasse Gesichter vor dunklem Hintergrund in lackschwarzen Rahmen. Allonge-Perücken, Tellerkragen, Brustpanzer, Jabots mit wie verrosteten Broschen. Drüben im Salon die Frauen in Samt und Seide, nackte Schultern, Perlen am Hals, ein zusammengefalteter Fächer, ein Spitzentuch in der Hand. Goldrahmen, auf denen Ranken mit Vögeln und Käfern lagen, von goldenen Putten gehalten.

Lauter Augen, tote Augen, die aus ihrem Dämmer heraus auf die Lebenden blickten, ausdruckslos, ohne Vorwurf, Tag und Nacht.

Zu große Teller, zu große Servietten, zusammengelegt und im Wäscheschrank aufgehoben, bis sie vergilbten, weil die Waschküche Luftschutzkeller geworden war und das, was es auf die Seifenkarte zu kaufen gab, schon für die kleine Wäsche nicht mehr reichte. Zu große Porzellanschüsseln mit früchtegekrönten Deckeln, die kaum in die Spülschüssel paßten. Zu große Platten für die Zuteilungen auf Fleischmarken, für Mahlzeiten ohne Gäste, eine Zeit ohne Diners, einer Küche ohne Köchin und Küchenmägde.

Und die Männer und Frauen schauten mit ihren gemalten Augen auf den zu großen runden Tisch mit den Löwenklauen, um den die Lebenden saßen, und auch ein Hund schaute zu. Er saß unter dem Pferd, dem Lieblingspferd meines Großvaters, der es in seiner Box hatte malen lassen. Das Pferd schaute geradeaus, aber der Hund, ein munterer, glatter schwarzweißer Terrier, schaute dem Betrachter geradewegs ins Gesicht. Das Bild hing über dem Ohrensessel, in den der Großvater sich jeden Tag zum Nachmittagsschlaf setzte, eine grüne weiche Häkeldecke auf den Knien. Dann schlief er und war der einzige im Zimmer mit geschlossenen Augen. Aber er schnarchte. Er lebte.

Und ist ein bloßer Durchgang denn mein Leben,
durch deinen Tempel, herrliche Natur,
so ward mir doch ein schöner Trieb gegeben,
vom Höchsten zu erforschen jede Spur,
so tränkt mich doch, bin auch selbst vergänglich,
ein Quell, der ewig ist und überschwenglich!

FRIEDRICH HEBBEL

Meise, Maulwurf und Karnickel

Der erste Tote, den ich berührte, war eine Blaumeise. Ich weiß nicht mehr, wo. Ich weiß nur, daß es Sommer war, linde Luft, eine Wiese oder ein Garten und auf meiner flachen Hand die tote Meise, das Gefieder ganz leis geriffelt von einem Wind.

»Wirf sie weg!« rief jemand, ich weiß nicht mehr wer, »tote Tiere sind giftig!«

Also hatte ich sie wohl aufgehoben, und ich sehe wie heute die Schönheit ihres Federkleides, spüre, wie leicht sie ist, spüre das Gewicht des Todes. Kein Vogel mehr, der sich mit harten Krallen an meinem Zeigefinger hält, ein toter Vogel, noch ein wenig warm, dessen Kopf auf meiner Hand liegt, schlaff und leer.

Der Tod, der uns verstummen ließ. Der Hauch dieser Macht, die vorher nur ein Wort gewesen war. Das schrekkensvolle Staunen darüber, daß ich den Tod auf der Hand halte und sich nichts um mich herum verändert hat. Die Luft so lind wie vorher, die Wiese so lieblich wie immer. Nicht ein Grashalm gilbt, wenn eine Meise stirbt, aber ein Kind wird sich der Unbeseeltheit der Natur bewußt, als Schauer nur, noch nicht als Erkenntnis. Und dieser Schauer gebot uns damals, die Meise zu beerdigen.

Immer wieder wird ein Tier beerdigt werden: die Meise auf Gänseblümchen gebettet, in einem schönen Schächtelchen. Hund und Katzen im Park, in Holzkisten oder den festen Pappkartons, in denen Wein versandt wird, und mit Schildern oder Steinen, auf die wir den Namen schrieben, im nächsten Frühjahr schon verwaschen von Regen und Schnee. Aber wir brauchten die Schilder gar nicht, wir wußten, wen wir begraben hatten, und sagten uns die Namen auf wie eine Litanei und stritten, welches Jahr es gewesen sein mochte.

Einmal fand ich einen toten Maulwurf. Ich liebte die samtigen Tiere mit ihren großen Handwerker-Pfoten, und ich wollte diesen Maulwurf nicht verlieren, nicht begraben, wollte seinen Tod verleugnen, wollte ihn bewahren, gegen alle Vernunft mir weiterleben lassen. Ich muß damals zehn oder elf gewesen sein, sammelte und preßte Pflanzen und Blumen für ein Herbarium und sagte, weil ich mich scheute, den wahren Grund preiszugeben, ich wolle mit dem Maulwurf eine Sammlung von Skeletten der einheimischen Fauna beginnen. Einen Mauseschädel besaß ich bereits als Ergebnis eines komplizierten Tauschhandels mit einem Nachbarjungen, aber wie sollte ich den Maulwurf aus dem Fell schlagen und an seine Knochen kommen, ohne das zarte Skelett zu zerstören?

»Du mußt ihn häuten und ausnehmen und ganz lange kochen, dann fällt das Fleisch ab«, riet der Nachbarsjunge.

»Und die Knochen auseinander!« sagte ich, weil ich an die Suppenhühner dachte.

»Leg ihn in einen Ameisenhaufen und schau im Frühling wieder nach«, sagte mein Onkel, und weil der Maulwurf zu stinken begann, packte ich ihn in eine Papiertüte und suchte oben im Wald den größten Ameisenhaufen, den ich finden konnte. An seinem Rande scharrte ich die Erde auf, kippte den Maulwurf in die Kuhle und deckte ihn mit einem Farnwedel und einer dünnen Erdschicht zu.

Im nächsten Frühjahr fand ich in der dunklen Erde ein weißes, tadellos sauberes Skelett. Ich weiß nicht, ob es mein Maulwurf war, ob die Ameisen ihn wirklich abgenagt oder ob mein Onkel ihn oder einen anderen Maulwurf präpariert hatte. Auf jeden Fall lag das Skelett in seiner ganzen Anmut und Zartheit jahrelang in meinem Schrank, hinter einer

Glaswand vor Zerfall und Bruch bewahrt. In der erwähnten Sammlung wurde er jedoch nicht die Nummer zwei nach der Maus. Der Maulwurf blieb ein Solitär der einstweiligen Unvergänglichkeit, aber irgendwann brauchte ich ihn nicht mehr. Er verschwand, und ich vergaß ihn.

Jahre später, eine Generation später, fuhren wir in jedem Frühsommer mit unseren beiden Kindern in ein ehemaliges Gutshaus, verwinkelt und verbaut, wie alte Häuser sind, das unterdessen eine Ferienpension geworden war. Ringsum Park und Obstgärten, ein Freundschaftspavillönchen im Schatten von Buchen auf einem Hügel, Fischteiche, Lämmerweiden und eine Koppel für ein Pferd, das – wie die Kinder sagten – im Jahre 1945 zu Fuß aus Ostpreußen gekommen war.

Einmal nun sauste der Teckel eines anderen Gastes auf zwei oder drei Kaninchen zu, die hinter den Erdbeerbeeten ihren ersten Spaziergang machten. Schon hatte er eins am Wickel, schleuderte es einmal hin und her, ließ es fallen, setzte eine Pfote auf seine Löffel und schaute sich stolz hechelnd nach seinem Besitzer um.

Dem verschlug es die Sprache. Da wartete der Hund auf Lob und »Brav, brav, mein Alter!«, da stürzten sich zwei Menschenkinder heulend und blaß vor Schreck auf das tote Kaninchenkind.

Sie hatten den ersten Tod ihres Lebens gesehen, den ersten Mord, die erste Mordlust, den ersten Stolz eines, dessen Geschäft das Töten ist. Den ersten, den sie geliebt und mit dem sie gespielt und gerauft hatten und der nun das tote Tier unter der Pfote hatte.

Unstillbarer Schmerz, und alle Erwachsenen trösteten und erklärten und wischten Rotz und Tränen ab, aber sie weinten zum ersten Mal nicht aus Wut oder weil sie auf die Nase gefallen waren oder Bauchweh hatten, sie weinten um ein anderes Geschöpf. Sie weinten über den Verlust des Lebens. Sie weinten über den Tod.

Ich dachte plötzlich wieder an die Meise und den Maulwurf und sagte: »Wir wollen das Kaninchen begraben.« Und wieder wirkte das alte Geheimnis: die Geschäftigkeit, die Tätigkeit, die Riten der Ehrfurcht vor dem Tode lenken vom eigenen Schmerz ab und nehmen ihn, wenigstens für eine Weile, in die Gemeinschaft aller Trauernden auf.

Die Kinder beerdigten das Karnickel zu Füßen des Buchenhügels, neben der grünen Bank, und der Teckel durfte im Trauerzug mitgehen.

Dann fuhren wir heim, dann kam der Herbst, der Winter, dann gab es im Februar oder März einen dieser überraschenden Sonnentage und wir fuhren hinaus. Das Haus war verschlossen. Noch keine Gäste, auch der Besitzer nicht da.

»Und was macht das Kaninchen?« fragte mein Jüngster.

»Laß uns doch nachschauen!«

»Aber wir haben keinen Spaten!«

»Ich weiß, wo im Schuppen welche sind.«

So schlichen wir mit einem Spaten durch das Laub, zum Hügel, zur Bank, flüsterten nur: »Welche Stelle? Hier?«

»Nein, da unter dem vermoosten Stein, genau dahinter.«

»Wie tief?«

»Einen Spatenstich tief. Es war ja nur ein kleines Ding.«

Und nun war es verschwunden. Wir fanden es nicht. Wir wühlten den halben Hang um und um. Nichts, kein einziges Knöchelchen.

»Wie kann das sein? Der Fuchs?«

»Hätte der nicht Spuren hinterlassen?«

»Längst verwischt nach dem Schnee und dem Regen.«

»Aber was dann? Waren die Knöchelchen noch so weich, daß sie sich aufgelöst haben, zerschmolzen sind in der Erde?«

»Oder der liebe Gott hat es geholt.«

Ja, das war die Lösung an diesem Nachmittag, im Februar oder März, als die Schatten hinter den Buchen standen. Wo ist Frau M.? Sie ist jetzt im Himmel. Wie oft hatten sie diese

Antwort gehört, manchmal ergänzt »beim lieben Gott« oder »bei den Engeln«. Wenn ihnen der Strick eines Luftballons entglitt, schauten sie ihm nach, wie er in den Himmel stieg, und sagten getröstet: »Der ist jetzt bei Frau M.« Warum also sollte der liebe Gott, der so getreulich seine toten Geschöpfe wieder einsammelt, vielleicht auch Luftballons, das Karnickel vergessen?

Der Rote

Tiere, sagt man, haben keine Seele. So können sie wohl auch nicht wissen, was der Tod ist, können keine Trauer empfinden.

Einer meiner Freunde aber hatte einen Kater, einen großen, stattlichen roten Burschen. Wenn ich abends bei meinem Freund zum Essen eingeladen wurde und wir auf der Terrasse standen, unsere Drinks in der Hand, kamen immer zur gleichen Zeit zwei andere Kater von rechts unter der Hecke hervor, stolzierten mit senkrecht gestellten buschigen Schwänzen an der Terrasse vorbei, ohne uns eines Blickes zu würdigen, und schon war der rote Kater bei ihnen, und zu dritt verschwanden sie in der Hecke zur Linken.

Im Winter gab der Rote ein kurzes Maunzen von sich, damit mein Freund ihm die Terrassentür öffnen konnte, und kaum war der Kater draußen, raschelte des welke Laub der rechten Hecke, die beiden Gesellen erschienen, und gemeinsam wanderten sie davon. »Sie gehen in ihre Kneipe«, sagte mein Freund ein ums andere Mal, und wir lachten und hatten sie vor Augen, wie sie lässig auf Barhocker sprangen und mit den Pfoten auf den Tresen pochten.

Eines Tages fraß der Rote vergiftetes Luder und ging unter Qualen ein. Als ich danach meinen Freund wieder einmal besuchte, sah ich, wie zwei Kater von rechts über die Terrasse liefen, sich draußen vor die Glastür setzten und mit funkelnden Augen zu uns hereinstarrten. Sie blieben reglos sitzen, vielleicht zwei oder drei Minuten, dann erhoben sie sich im selben Augenblick und gingen mit erhobenen Schwänzen davon.

»Ja«, sagte mein Freund, »die kommen jeden Abend. Wie ist das: Tiere können nicht trauern, oder?«

Tiere, sagte man früher, haben keine Seele. Also haben sie keine Gefühle und nichts mit dem Himmel zu tun. Was hätte Franz von Assisi, der den Vögeln predigte und alle Tiere Brüder nannte, über diesen Satz gedacht? Was denken unsere Nachbarn, die ihren Mops und ihren Karpfen, ihren Wellensittich und ihren Hamster lieben? Tiere sind Gefährten des Menschen. Tiere folgten früher ihrem Herrn ins Grab. Tiere sind Geschöpfe Gottes. Sie sind älter als wir, wurden an den Tagen geschaffen, an denen Gott noch keinen Adam gemacht hatte. Ihnen hat die Erde lange Zeit allein gehört. Sie verdienen unser Gedenken, manche Menschen gönnen ihnen auch ein Grab, und ihre Gräber haben manche Friedhöfe weltberühmt gemacht.

Traum

Ich finde mein Haus: leer,
ausgetrunken den Wein,
abgegraben den Strom,
entwendet mein Nacktes, –
gelöscht die Grabschrift.
Weiß in weiß.

PAUL KLEE

Schulweg

Mein Schulweg, der Weg in die Volksschule, wie die Grundschule früher hieß, führte den Berg hinunter durch Grün. Ahornbäume säumten die Straße, auf der noch kaum ein Auto fuhr, die Häuser hatten Vorgärten, zwischen ihnen lag noch Brachland, am Straßenrand gesäumt von Holunder und Heckenrosen, dann kam der graue Holzzaun der Gärtnerei mit den Zinnien- und Dahlienbeeten, dann der Park einer Villa, die tief im Schatten der Bäume lag.

Ihr gegenüber, auf der anderen Straßenseite, stand ein kleines Bürgerhaus, auch umgeben von Grün. An der Regenrinne lehnte eine Leiter, und als ich vorüberging, stieg ein Mann zum Dach hinauf. Ich blieb stehen, und in diesem Augenblick stürzte er ab.

Er fiel. Er stürzte lautlos und schwer zu Boden. Ich hörte, ich höre heute noch den dumpfen Aufschlag, und dann war es still. Die ganze Welt war still und wie erstarrt. Ich konnte nicht schreien, weil ich immer sehen mußte, wie das Dunkle reglos lag, wie davor die Grashalme leise tanzten wie vorher, wie immer, und ich wußte, daß ich den Tod gesehen hatte.

Und dann rief jemand, rief noch einmal, kam um die Hausecke, sah das dunkle Bündel und schrie, und ich konnte wieder atmen und ging weiter, in die Schule.

Das Kind, das ich damals war, hat mit keinem darüber gesprochen. Es kannte den Mann nicht, der zu Tode gefallen war.

Es konnte nicht um ihn weinen. Es hatte den Tod gesehen, so wie er geschieht, kein Schrei, kein Kampf, kein Verlust eines Geliebten. Nur Tod.

Ich weiß nicht, was dieser Augenblick des Todes in mir verändert hat, ich weiß nur, daß ich mich heute noch daran erinnere, als sei es eben gewesen. Wenn ich nur an das kleine Haus mit dem Schieferdach denke, höre ich den dumpfen Aufprall, und alle Toten des Krieges, der drei, vier Jahre danach ausbrach, haben keine solche Gewalt.

Weil ich damals ein Kind war? Weil es der erste war, den ich sterben sah? Weil es ein Fremder war? Wer weiß.

Der Seelenvogel

Wie sieht die Seele aus? Ist sie ein Hauch? Besitzt sie meine Gestalt? Ähnelt sie einem kleinen Engel?

Sie schwingt sich – darüber sind und waren sich alle einig, die an sie glauben, vor allem die Dichter – empor in die himmlische Ewigkeit. So schwingt sich im Lande von Tausendundeiner Nacht die Seele in Gestalt eines Vogels in die Höhe, einer Nachtigall oder eines Falken. Auf Vanitas-Bildern des Barocks schweben die Schmetterlinge als Sinnbilder der Seele, und durch die Lyrik des Abendlandes flattert der Seelenvogel:

»Und meine Seele spannte / Weit ihre Flügel aus / Flog durch die stillen Lande / Als flöge sie nach Haus.« So dichtete Eichendorff, und so sehnen sich die Seelen immer wieder: loslassen können und losgelassen werden, frei sein von allem irdischen Schmutz und Schmerz, heimkommen wie ein Kind, das in des Vaters oder der Mutter weit geöffnete Arme läuft. Und dann ist alles gut.

Aber so leicht kommt man wohl nicht davon. Es gibt Geschichten von Seelenvögeln, die sich nicht recht aufschwingen können: Die Sündenlast ist zu schwer. Und wenn niemand für den Verstorbenen betet oder gute Werke verrichtet, Messen lesen läßt oder Arme speist und Gefangene freigibt, dann muß der arme Seelenvogel in seinem engen, kalten Grab ausharren, und die Schlangen und Skorpione zwacken ihn, bis vielleicht doch die Stunde naht, in der er zu den Blüten und Düften des Paradieses aufsteigen und sich in Ewigkeit erquicken kann.

Wer weise war, hat schon im Leben dem Seelenvogel einen leichten Flug vorbereitet. In fast jeder Religion gibt es Läuterungsgeschichten. In der christlichen führen Pilgerfahrten so gut auf den rechten Weg wie im Islam. Die nächtlichen Ritte des Propheten durch Himmel und Hölle, durch die sieben Stationen des Seelenweges, erinnern an Dantes Wanderung durch die sieben Kreise der Hölle.

Kühne Entwürfe von Seelenlandschaften. Dazu für Kinder und poetische Gemüter Märchen und Fabeln von der armen Seele, die in den Himmel will und sich mit Petrus herumschlagen muß, dem Hüter des Himmelstores. Lew Tolstoi läßt in seinen Volkserzählungen die Seele des reuigen Sünders aufgenommen werden, nachdem sie die heiligen Torhüter darauf hingewiesen hat, daß keiner von ihnen, als er noch auf der Erde lebte, ohne Verrat und Sünde gewesen sei. Und daß die Liebe Gottes größer sei als alle irdische Schuld.

Heutzutage wird die Seele als eine chemische oder elektrische Irritation in Zellen an einer bestimmten Stelle des Gehirns definiert. Wenn sie nicht mehr als dieses wäre, so wären wir wahrhaftig arm dran, nicht nur unsere Seele.

Rein wie das Wasser

Früher dachte man, der Körper eines Verstorbenen sei unrein und verunreinige die Häuser und die Altäre der Götter. Deshalb legten die Parsen ihre Toten auf die Türme des Schweigens, damit die Vögel das verzehrten, was die Erde verunreinigen konnte. Deshalb verbrannte man die Toten und sammelte nur ihre Asche.

Kann sein, daß man sich nicht als Letztes an den Geruch wollte erinnern müssen, den ein Leichnam besonders in der Sommerhitze bald auszuströmen beginnt. Kann auch sein, daß es einem so vorkam, als ob der Tod das Leben beleidigte und beschmutzte, daß man also die Spuren des Todes beseitigen wollte, um seinen Schrecken zu mildern. Oder sollte der Tote rein und schön für das nächste Leben sein? Wer weiß. Wir wissen nur, daß die Leichenwäscherinnen kamen und bestimmte Lieder sangen und bestimmte Handlungen vollführten. Sie wuschen und salbten den Leib, bis er wieder so sauber war wie einst nach der Geburt und so duftete wie nach dem rituellen Bad vor der Hochzeit. Dann nähten sie den Toten in sein Leichentuch, ließen oft ein Fenster für das Gesicht frei, damit diejenigen, die noch von ihm Abschied nehmen wollten, einen letzten Blick darauf werfen konnten. Erst wenn die Leiche in die Grube kam, wurde der Zipfel über den Kopf gezogen und verhüllte das Antlitz.

Und begraben mußte sie werden, das erforderte die Achtung vor der Majestät des Todes und vor den Gesetzen der Lebenden. So wurde es vom Totengott, von Hades, als schweres Vergehen gewertet, wenn einer, der zu ihm kam, seine Toten nicht bestattet hatte, und so lautet das letzte der sieben Werke der christlichen Barmherzigkeit: Tote zu bestatten.

Aber das mußte nicht in der gewesenen Gestalt geschehen. Der Leib, so kommt es einem vor, wurde wieder als Erde begriffen, als Material des Schöpfers oder des Totengottes, und es war nicht mehr wichtig, daß er den einstigen Zusammenhang behielt. Im Ägypten der Pharaonen öffneten kundige Einbalsamierer den Körper, entnahmen ihm Hirn, Herz und Gedärme, bestatteten diese Teile getrennt voneinander in Tonkrügen, die man Kanopen nannte, und legten den hohlen Leib so lange in Natron, ein Salz aus der Wüste Natrun, bis es ihm auch den letzten Rest der Körperflüssigkeit genommen hatte. Wie lang die Leinenbinden waren, wie viele Segenssprüche und Amulette zwischen die Lagen geschoben wurden, das alles ergab sich aus Reichtum und gesellschaftlicher Stellung. Pharaonen bekamen Pyramiden, Fellachen nur eine Leinenhülle und ein Loch im Sand, so wie auf den Kanarischen Inseln, wo die Ureinwohner mumifiziert und in Ziegenfelle eingenäht wurden, oder die Toten in anderen, heißen Gegenden, in denen schon der Gluthauch von Sonne und ständigem Wind mumifiziert.

Und im europäischen Mittelalter wurden die Körper der Könige, die auf ihren ständigen Regierungsfahrten gestorben oder in einer Schlacht gefallen waren, auf ähnliche Art wie in Ägypten für die lange Heimreise vorbereitet. In Wien steht die Kirche, in der die Herzen der Habsburger Kaiser in goldenen Gefäßen auf die Auferstehung des Fleisches warten – ihre leere Hülle ein wenig von ihnen entfernt in den Marmorsarkophagen der Kapuziner-Gruft.

Und überall in den barocken Kirchen und Klöstern ruhen die mumifizierten Märtyrer und Heiligen oder ihre mit Perlen und Spitzen und Kordeln und Damast umnähten Knöchelchen: ein Schmuck der Altäre und als Heiligtum verehrt.

Aber das wahre Element der Reinigung nach dem Tode ist dem Christen nicht die Luft, die ihm das sündige Fleisch verdorren läßt, nicht das Wasser, das ihm den Erdenschmutz vom Leibe wäscht. Es ist das Feuer, das Purgatorium, die Läuterung, die flammende Liebe Gottes zu seinen Geschöpfen, die ihnen wie ein Schmiedefeuer die Schlacken ausglüht, so daß die reine Seele bleibt.

Grodek

Am Abend tönen die herbstlichen Wälder
Von tödlichen Waffen, die goldnen Ebenen
Und blauen Seen, darüber die Sonne
Düstrer hinrollt; umfängt die Nacht
Sterbende Krieger, die wilde Klage
Ihrer zerbrochenen Münder.
Doch stille sammelt im Weidengrund
Rotes Gewölk, darin ein zürnender Gott wohnt
Das vergoßne Blut sich, mondne Kühle;
Alle Straßen münden in schwarze Verwesung.
Unter goldnem Gezweig der Nacht und Sternen
Und es schwankt der Schwester Schatten durch den
schweigenden Hain,
Zu grüßen die Geister der Helden, die blutenden Häupter;
Und leise tönen im Rohr die dunkelen Flöten des
Herbstes.
O stolzere Trauer! ihr ehernen Altäre
Die heiße Flamme des Geistes nährt heute ein gewaltiger
Schmerz,
Die ungeborenen Enkel.

GEORG TRAKL

Orden

Meine Großtante mütterlicherseits, seit 1899 Schwester im Roten Kreuz von 1866, hatte einen Orden. Er lag bei ihr in der Kommodenschublade. Bei mir, heute, in dem Glasschrank, den ich von ihr geerbt habe, der von ihrem Großvater stammt und den man damals Prahlhans nannte. Der Orden hängt an einer roten Taftschleife, schwarzweiß gerändert, zeigt Kreuz, Kaiserkronen und Buchstaben, und auf der Rückseite steht im Schmuck eines Eichenzweiges »Fuer Verdienste um das Rothe Kreuz«.

Orden, schlicht oder juwelenbesetzt, Ordensspangen und Ordensschärpen, Kriegs- und Friedensauszeichnungen, das gehörte zum Feststaat, zum Frack, zur Gala-Uniform, war – außer bei den Hof- und Ordensdamen – Männerschmuck. Sie zählten daran die Kriegsgeschichte ab, die sie mit erstritten hatten.

Ja, sagte die Großtante, im Krieg sei sie auch gewesen. Dazu gibt es bräunliche Photographien. Sie steht auf Schotter mit einer grauen Schwesternhaube und in einem grauen, feldgrauen Cape mit Pelerine, eine Ledertasche in der Hand, wie sie Ärzte und Hebammen benutzen. Hinter ihr ein Lazarettwaggon, rechts und links von ihr Soldaten in so etwas wie Baumwoll- oder Leinenjacken, weiche Schirmmützen auf dem Kopf. Alle schauen in die Linse, die Männer ausdruckslos, eher etwas mürrisch, sie mit einem freundlichen Lächeln. Das sei gleich nach Ausbruch des Krieges gewesen, Herbst 14. Sie war damals Anfang dreißig.

Wohin ging die Fahrt? Nach Frankreich.

»Ach, die armen Kerle! So jung noch! Was haben die dann geschrien! Die konnt man ja gar net im Stich lassen. Da lernt man, was Todesangst ist.«

Und ich, das Kind, ihren Orden in der Hand, stellte mir vor, wie die Kanonen grollten, wie die Granaten flogen, und ich sah, wie die armen jungen Kerle die Hand nach ihr ausstreckten und wie sie die armen jungen Kerle in den Arm nahm, so wie sie mich in ihre weichen, warmen Arme nahm, bis ich einschlief, bis die armen jungen Kerle eingeschlafen waren.

Und der Orden?

»Wenn du so etwas lang genug überlebst, dann kriegst du eben einen Orden.« Und weil wir schon dabei waren, brachte sie mir bei, wie man Scharpie zupft und wie man Binden wieder so aufwickelt, daß sie, frisch gewaschen und sterilisiert, eine ordentliche weiße, zylindrische Rolle bilden, fix und fertig für den nächsten Verwundeten. Und weil es den nicht gab, übte ich das Verbinden an einer Katze. Aber sie war viel zu lebendig und sprang davon, die Wundbinde des ersten Weltkriegs hinter sich herziehend wie eine zu lang geratene weiße Fahne.

Wieder ein Bild, auf graue Pappe gezogen. Der Garten des Krankenhauses. Hohe Bäume, in ihrem Schatten Tische mit Tischdecken, an denen Soldaten sitzen, Verwundete in denselben Baumwoll- oder Leinenkitteln, ohne Mützen, schneeweiße Verbände um Arme oder Beine oder den ganzen Oberkörper oder um den Kopf. Sie schauen ausdruckslos in die Kamera. Hinter und neben ihnen Schwestern in Tracht und Haube, manche in weißen OP-Kleidern, alle mit weißen Schürzen. Sie schauen ernst, aber mit Stolz über die geretteten Krieger hinweg in die Kamera. Zwei Schwestern tragen ein Wickelkind, den geflochtenen Säuglingskorb zu Füßen.

»Das waren alle, die schon wieder laufen konnten«, sagte die Großtante, »die mußten dann gleich wieder an die Front.«

»Und die Wickelkinder?«

»Ei, die waren aus der Entbindungsstation. Wenn wir die ein Viertelstündchen an die frische Luft gestellt haben, kamen immer die Verwundeten und haben sie angeschaut.«

Die alte Magie: Leben gegen Tod. Berühre einen grünen Zweig, so geht seine Kraft in dich über. Berühre ein Kind, so kannst du glauben, daß dich dein eigenes Kind daheim, das du vielleicht seit Monaten nicht gesehen hast, beschützen wird.

Mir war die alte Frau der Lebensquell, war seit fast dem ersten Tag meines Lebens meine Zuversicht. Sie und ihre Mit-Schwestern, die sie manchmal dort besuchten, wo sie seit ihrer Pensionierung lebte, in deren weißen Schmetterlingsschwarm im Garten des alten Mutterhauses wir manchmal eintauchten. Sie gaben mir mit ihren Hauben und Mullbinden, gestärkten Schürzen und Medizinlöffeln, ihrem sauberen Geruch und ihrer Tüchtigkeit die unerschütterliche Gewißheit, sicher zu sein. Wo sie waren, heilten Wunden. Wo sie hereinraschelten, wagte sich der Tod nicht heran. Wo sie den Kamillentee aufgossen, brauchte ich keine Angst zu haben.

Einmal, als ich in den Sommerferien bei ihr war, wurde meine Großtante krank und bekam so hohes Fieber, daß sie nicht mehr bei Bewußtsein war, aber mit brüchiger Stimme sang: Schenkt man sich Rosen in Tirol, und Psalmen, alle Strophen. Und ich, sieben oder acht Jahre alt, verlor fast den Verstand, weil ich dachte, sie stirbt, und ich bin allein.

Sie lag in dem Lit bâteau, dem Schiffsbett, das ihrem Vater und dessen Vater gehört hatte, und man sah, wo der Schreiner die Seitenbretter verlängert hatte, denn die Biedermeierbetten waren kurz, und meine Großtante fand es vernünftiger und gesünder, wenn man sich im Schlafe ausstrecken kann. Sie lag im Bett und sang, und zum Schluß, ehe sie ins Krankenhaus kam und dort aus lauter Protest gegen alles sofort gesund wurde, sang sie ununterbrochen ein Lied vom irdischen Leib, den man abwarf wie die Schlange ihre Haut und der dann im Flügelkleide ins Paradies schwebte.

Im Flügelkleide, das Wort gefiel mir ungemein, und als sie dann im Krankenhaus war, so weiß im Gesicht, als ob sie ihre irdische Hülle schon abgestreift hätte, auf dem weißen Kissen lag und schlief und schlief, als ich zu ihren Füßen saß und ihren Schlaf bewachte, zeichnete ich Flügelkleider. Zuerst ihr Schwesternkleid mit irgendwie angesetzten Hühnerflügeln. Dann dachte ich mir, daß das Taillenbündchen mit seinen großen Perlmuttknöpfen beim Fliegen ziepen und kneifen müsse, und das Flügelkleid, immer noch mit der Rot-Kreuz-Brosche am Halse, bekam die lockere Flatterform der klassischen Engelsgewänder.

Das aber schien mir für eine Oberschwester-Seele ein zu frivoles Gewand zu sein, auch wenn es sicher höchst würdevolle und mächtige Engel trugen. Also entwarf ich einen Overall, so wie ihn Winston Churchill später während der Bombenangriffe zu tragen pflegte, mit Schwanenflügeln. Aber da meine Großtante nicht ganz so füllig wie Churchill war, ergab meine Zeichnung eher das Flügelkleid eines molligen Osterhasen als das einer seligen Schwester. So machte ich noch andere Skizzen, aber kein Modell schien mir angemessen.

Doch dann wurde sie gesund, trug ihr irdisches Gewand mit allen Narben und Gebresten noch eine ganze Weile weiter. Dann vergingen die Jahre, viele Jahre. Sie erlebte die Geburt ihrer Urgroßneffen, unserer Kinder, las ihnen vor wie einst mir, kochte für sie Apfelgelee und steckte sie abends in das gleiche Zinkwännchen, in dem sie schon mich gebadet hatte. Und dann der Umzug ins wiederaufgebaute Mutterhaus, ein paar Jahre später die Nachricht: »Sie liegt in der Krankenabteilung«, in ihrem eigenen Krankenhaus. Ich reiste zu ihr. Sie war nie allein, immer saß eine der anderen alten Schwestern bei ihr. Sie redeten von damals, als sie Lehrschwestern gewesen waren, als jede von ihnen ein Handwerk gelernt hatte, weil das Krankenhaus ein Armenspital war und kein Geld für Ofensetzer, Elektriker und Korbflechter – für die Babykörbchen – hatte. »Ach, weißt du noch …?«

Wenn ich bei ihr war, ließen sie uns allein. Und als ich mich das letzte Mal von ihr verabschiedete, ohne zu wissen, daß es das letzte Mal war, sagte sie – und ich stand schon in der Tür: »Ich hab solche Angst.«

Ich dachte, ich müßte ohnmächtig umfallen. Sie, mein Schutz und meine Stärke! Wie konnte ich sie, wie konnte ich mich retten? »Ich komme bald wieder!« sagte ich. Ich kam bald wieder, aber da war sie schon tot. Noch heute höre ich ihre leise, brüchige Stimme, und es zerreißt mir das Herz, daß ich ihre Hand nicht habe halten können, bis zu ihrem letzten Atemzug.

Bruder des Todes

Da liegt ein Mensch, reglos, mit geschlossenen Augen. Schläft er oder ist er tot? Kann man das immer schon sagen? Kann man das erkennen, auf den ersten Blick?

Für die Griechen war Hypnos, der Gott des Schlafes, der Zwillingsbruder des Thanatos, des Todes. Und beide sind Kinder der Nacht. Was aber geschah mit denen, die im Todesschlaf lagen? Was geschah mit ihnen da unten im Dunkeln, in der Unterwelt? Kommen die Toten dort zueinander? Gehen sie auf Straßen und Wegen?

Haben sie eine Wohnung, einen Herrscher?

Dem Hypnos oder Somnus, wie man ihn später in Rom nannte, hat die Phantasie immer wieder eine andere Gestalt gegeben. Ovid beschrieb, wie er in einem Land der Schatten in einer Berghöhle haust, so tief in der Schlucht, daß sie kein Sonnenstrahl trifft. Nichts wächst dort im Fels, nur Mohn und andere Kräuter, die Schlaf und Ohnmacht bringen. Selbst das göttliche Lager ist schwarz, eine Bettstatt aus Ebenholz, und seine Kinder, ein Gewimmel von Traumgöttern, sind seine einzige Gesellschaft. Manchmal wurden Hypnos und sein Zwilling, der Tod, als weißer und schwarzer Knabe im Arme der mütterlichen Nacht dargestellt, manchmal der Tod als bärtiger Mann, die Fackel als Symbol des Lebenslichtes gesenkt und schon erloschen in der Hand, der Schlaf dagegen als Jüngling, beide geflügelt. Manchmal ist auch Hypnos ein müder Greis, meist aber ein anmutiger Jüngling mit der Mohnkapsel in der Hand und Flügeln an der Stirn. So sucht er die Menschen auf, gibt ihnen freundlich den Schlaftrunk aus seinem Horn und berührt die Müden mit einem Zweig.

Das Schattenland, in dem Hypnos haust, barg auch die Zugänge zum Totenreich, und er, der Geflügelte, konnte dort kommen und gehen. Wo aber lagen wohl diese düsteren Gefilde?

Jede Schlucht, jedes unzugängliche Tal hielten die Griechen für ein heimliches Tor zur Unterwelt. Ein wüstes Land, ein Moor in tiefster Öde: Dort mußte das Land der Toten beginnen, fern vom Leben, fern vom hellen Glanz der olympischen Götter, abgeschieden von ihnen, fast verachtet. Aller Todesschauer, der uns noch ergreift, aber auch jeder tröstliche Brauch hat damals in Hellas Gestalt angenommen, Namen bekommen, die uns heute noch bekannt oder vertraut sind, ist in die Sprache übergegangen, in der wir uns über Tod und Sterben verständigen können.

Tod und Sterben ohne Wiederkehr, aber auch ohne Bedrohung der Lebenden aus dem Grabe. Wer tot ist, ist tot und kann mir weder schaden noch nützen, hat nichts mehr mit mir zu tun.

Der Lebende ist frei und ungebunden. Darum brauchten die Hinterbliebenen nur für ein angemessenes Begräbnis zu sorgen, ohne das der Tote keinen Einlaß in die Unterwelt finden kann. Es kann prunkvoll sein, aber das nutzt nicht ihm, sondern bezeichnet nur ein letztes Mal seinen weltlichen Ruhm oder Reichtum.

Das einzige, was der Tote braucht, ist der Obolus. Das ist jene Münze, die man dem Toten unter die Zunge legte, nachdem man ihm die Augen geschlossen und den Leib gewaschen, gesalbt und in Leinentücher gehüllt hatte. Dann wurde er mit einem Kranz geschmückt und im Trauerhause oder vor der Haustür öffentlich aufgebahrt. Klageweiber an der Bahre, Flötenspielerinnen beim Trauerzug, der nach drei Tagen durch die Straßen der Stadt zum Bestattungsplatz führte, so war es Sitte. Ob man nun verbrannt oder begraben wurde, ob man dem Toten Geräte und kleine Götterbilder, Schmuck und Tierfigürchen mit ins Grab gab, ob man einen Stier opferte oder das Grab mit Öl und Wein tränkte, ob man zu Füßen des Grabhügels lebensgroße Statuen aufstellen ließ oder eine der Relief-Stelen, auf denen eine liebevolle Familienszene dargestellt wurde, ob es gar keine feierliche Bestattung gab, weil der gefallene Krieger – oder das, was von seinen Gebeinen übriggeblieben war – nach der Schlacht in einem Massengrab außerhalb der Stadtmauern beigesetzt wurde oder weil man dem im Meer Ertrunkenen nur einen Gedenkstein setzte – immer meinte man, daß sich der Tote nun auf den Weg zum Hades machte.

Hades, das Totenreich, hieß nach seinem Beherrscher, dem Totengott. Er ist ein Sohn von Kronos, ein Bruder von Zeus, dem Göttervater, und von Poseidon, dem Herrscher der Meere. Hades wurde die Unterwelt zugesprochen, aber er wollte dort nicht ohne eine göttliche Begleiterin herrschen und raubte seine eigene Nichte, Persephone, die einzige Tochter der Demeter, der Erd- und Kornmutter.

Persephone spielte auf einer blühenden Wiese in Sizilien – da griff Hades nach ihr, so wie der Tod tagtäglich und ohne Warnung auch das blühende Leben raubt. Doch Demeter war so wütend, daß ihr Bruder Zeus diese Schandtat zugelassen hatte, daß sie die Felder verdorren und die Menschen verhungern ließ. Maßlose Trauer, der es gleichgültig ist, wenn sie alles zerstört, maßloser Zorn über den Tod als Räuber des geliebten Kindes.

In dieser alten Göttersage kann Zeus das Gleichgewicht seiner und der Menschen Welt wiederherstellen, indem er jedem recht gibt und die Jahreszeiten erfindet: Persephone soll ein Drittel des Jahres der Unterwelt angehören und die anderen Monate der Oberwelt, dem Tag, dem Sommer. Kehrt sie in die Tiefe des Hades zurück, herrschen auch auf der Erde Dunkelheit und Kälte. Winter. Trauer. Und zugleich die Sicherheit, daß diese elende Zeit vorübergehen wird. Mitten im Tode also Hoffnung, mitten in der Verzweiflung, die den Schmerz für ewig hält, die Gewißheit, daß es wieder anders kommen wird. Mitten im Reich der Toten eine Königin, die ihr wahres Leben niemals verliert.

Und wo liegt dieses Reich? Keiner weiß es, und darum wurde es immer wieder anders beschrieben: als ein unsichtbares Land, das überall an das bekannte angrenzt. Als eines, das weit, weit im Westen lag. Als eines unter der Erde, so tief, wie der Himmel hoch ist. Oder als eines unter den großen Gräberfeldern. Fest steht nur das Bild, das sich im Laufe der Jahrhunderte ergeben hatte: ein Schattenreich, von Strömen durchflossen und von der hellen Welt geschieden. Es gab nur einen Zugang, über die Flüsse Styx oder Acheron. Dort wartet schon der Nachen des Fährmanns Charon. Er nimmt den Obolus des Toten als Fährgeld und rudert ihn zum anderen Ufer, zum Eingang der Unterwelt, bewacht von Kerberos, einem wahren Höllenhund. Mit seiner Schlangenmähne, seinen drei – manche sagen: fünfzig – Köpfen und seinem Stachelschwanz sorgt er dafür, daß keiner der Unterwelt wieder entkommt. So wandeln die Seelen am brennenden Phlegeton vorbei und müssen über zwei weitere Flüsse setzen, über den Kokytos, den Fluß der Klagen, und über den Lethe, mit dessen Wasser die Toten das Vergessen trinken, so daß sie nichts mehr von ihrem irdischen Leben wissen. Sie werden zu Schatten, haben mit Bewußtsein und Erinnerung alles verloren, was sie menschlich gemacht hat, und als graue Schatten in einer lichtlosen grauen Welt können sie nichts mehr bewirken, weder über noch unter der Erde.

Es warten allerdings drei Richter auf sie, um ihnen endlich den gebührenden Platz zuzuweisen. Diese Vorstellung entstand und wandelte sich im Lauf der Zeit. Nur ein Schattendasein sollte es geben? Kein Richter, keine Gerechtigkeit? O nein, es muß einen Orkus geben, wie die Römer den Höllenpfuhl nannten, in dem die ärgsten Bösewichte auf ewig bestraft und gepeinigt wurden. Und natürlich auch das Elysion, das man laut Friedrich Schiller feuertrunken betreten darf. Elysion, ein Ort weit hinter der Nacht, eine Insel der Seligen, vielleicht im mächtigen Strome Okeanos, der die ganze Welt umfließt, in dem alle Sonnen und Sterne aufgehen, wahrhaft ein Paradies.

Dort werden die Lieblinge der Götter in ein ewiges Wohlleben eingehen – nach Verdienst? Nach einem Purgatorium? Muß man noch so fragen, wenn die Göttern handeln? Wir betreten feuertrunken, Himmlische, dein Heiligtum, und die Musik von Ludwig van Beethoven bestätigt bis in unsere Zeit, daß die Götter Gnade walten lassen können.

AUS: Kindertotenlieder

Du bist ein Schatten am Tage
Und in der Nacht ein Licht;
Du lebst in meiner Klage
Und stirbst im Herzen nicht.

Wo ich mein Zelt aufschlage,
Da wohnst du bei mir dicht;
Du bist mein Schatten am Tage
Und in der Nacht mein Licht.

Wo ich auch nach dir frage,
Find ich von dir Bericht,
Du lebst in meiner Klage,
Und stirbst im Herzen nicht.

Du bist ein Schatten am Tage,
Und in der Nacht ein Licht;
Du lebst in meiner Klage,
Und stirbst im Herzen nicht.

FRIEDRICH RÜCKERT

Geschichten

Alle Menschen, bei denen ich aufwuchs, lasen und erzählten gern. Sie waren alt, gehörten zur Generation der Großeltern, kannten nur drei, vier Kinderbücher, meist englische oder französische, und kamen gar nicht auf den Gedanken, einem Kind etwas anderes vorzulesen als das, was sie selber gerade lasen oder woran sie sich mit Vergnügen erinnerten.

Das ergab eine Mischung aus Balzac und Heinrich Mann, Elizabeth's Garden und Berichten über Pferdezucht, Ludwig Ganghofer und Amalie Dietrich.

Das einzige, worüber sich alle Erwachsenen stillschweigend einig waren: Du darfst einem Kind vorm Einschlafen und in Krankheitstagen nichts Aufregendes erzählen. Also übersprang der Vorleser einfach, was er für zu aufregend hielt. So hat mich ein Rotkäppchen ohne Wolf viel mehr verstört als dessen Lust auf eine Großmutter im Nachthemd. Ich wußte ja, daß es ihn gab und daß das Märchen gut ausging. Und sein unkommentiertes Verschwinden aus dem Märchen erfüllte mich mit Entsetzen, weil er nun überall lauern und sich auf mich, ein Kind im Nachthemd, stürzen konnte.

Aus Rücksicht auf einen friedlichen Schlaf waren zwar, als ich selber genug lesen konnte, Schillers Dramen erlaubt, nicht aber die Karl-May-Romane meines Onkels, die ich sofort heimlich im Versteck im Bügelzimmer las. Und da traf mich der erste literarische Tod mit voller Wucht: Rih, das Pferd Winnetous oder Old Shatterhands, wird von einer Kugel oder einem Pfeil der Feinde getroffen, bricht jedenfalls dramatisch zusammen und stirbt in den Armen Winnetous (oder Old Shatterhands), das treue Auge auf ihn geheftet. Das wurde zu einem Bild aus Urnatur, aus wildem Gebirge, wolkenzerrissenem Himmel, grünen Matten und edlen Menschen in hellem Hirschleder. Und darin der Tod, so erhaben und einzigartig wie das ganze Land, und das sterbende Pferd ist kein Tier, sondern ein Freund, der einzige Freund, der treu ist wie Gold und dich so liebt, daß er sein Leben für dich läßt.

Dieses Bild konnte ich abrufen, wie Kinder heute ihren PC anknipsen, und wenn ich wollte oder wenn es notwendig war, konnte ich vor diesem prachtvollen und seelenerhebenden Tod helle Tränen vergießen, bis ich mir vom Herzen geweint hatte, was mich bedrückte, wunderbar ergriffen und mit tiefen Schluchzern.

Nicht lange, da geriet ich an Charles Dickens, an Oliver Twist. Und das war ein ganz anderes Bild. Ein düsterer Dachboden, rohe Dielenbretter, Nancy, die ihre Komplizen nicht verraten hat, aber trotzdem von ihrem Freund erwürgt und erschlagen wird. Ich bin so einsam und schutzlos wie Nancy, ich höre ihren gellenden Schrei, sehe den Knotenstock, ihr blutiges Gesicht, sehe sie auf dem staubigen Boden liegen.

Sie stirbt nicht schnell. Der Tod steht im Schatten und wartet. Ein grausamer Tod im verkommensten Teil einer Stadt, wie eine Vision des 20., für Dickens des kommenden Jahrhunderts: Gier, Geiz, Verschlagenheit, Korruption, Gewalt, Mord, und dann der Tod eines unschuldigen Mädchens. Diesem Bild konnte ich nicht befehlen. Es überfiel mich so plötzlich, wie der Mörder Nancy überfallen hatte. Überfiel mich wie eine Ahnung all der Schrecken, die bald aus ihrer Finsternis heraustreten sollten.

So sollte man Kinder, in diesem Fall eine Elfjährige, also doch vor dem Bild eines solchen Todes bewahren? Das kann keiner. Nicht lange danach mußten Jüngere in Berlin und anderen Städten in ihrer Wohnung mitansehen, wie SS-Männer ihre Väter blutig zusammenschlugen und totprügelten.

Nicht lange danach hielt mir meine Großmutter die Augen zu, als wir, von irgendwo heimkommend, sahen, wie junge SA-Männer Hausrat und Bücher und Möbel eines – wie man damals sagte – jüdischen Professors zum Fenster hinauswarfen, aus dem ersten Stock, und laut dabei lachten. »Er hat sich das Leben genommen«, sagten die Erwachsenen, er, viel unschuldiger als Nancy. Nicht lange danach wurden die »Sternkinder« mit ihren Familien zum Abtransport ins Konzentrationslager zusammengetrieben, überall in Europa, und als nach Kriegsende eine holländische Lehrerin, Clara Asscher-Pinkhof, die freiwillig mit ihnen ins Lager gezogen war, um sie weiter zu unterrichten, die fast unglaubliche Geschichte von ihrer und der »Sternkinder« Rettung erzählte, stand ihr Buch zur Wahl für den Deutschen Jugendbuchpreis.

Die Mehrzahl der Juroren, Lehrer und andere Pädagogen, meinten, eine so schreckliche Geschichte könne man Kinderbuchlesern, also Acht- bis Zwölfjährigen, nicht zumuten, man könne sie erst recht nicht mit dieser Auszeichnung empfehlen. Gegen diese Meinung stand der Einwand: Kinder, die jünger gewesen seien als diese deutschen Lese-Kinder, hätten alles das, was in diesem Buch beschrieben war, am eigenen Leibe erleiden müssen, bis zum bitteren Ende, bis zum Tod.

Bis heute sind die Juroren von damals zu loben und zu preisen, weil sie ihre pädagogischen und sicher auch politischen Einwände aufgaben und für die »Sternkinder« gestimmt haben.

Wieder Jahre später erschien »Die Brüder Löwenherz« von Astrid Lindgren, ein Roman, den sie unter dem Eindruck der Berichte von einem der ersten KZ-Prozesse, vor allem der Lektüre der Memoiren von Rudolf Höss geschrieben hatte. Die Figur dieses Lagerkommandanten von Auschwitz steht wie ein düsterer Schatten hinter dem Geschehen, das vom Kampf zwischen Gut und Böse, von Mut und Tapferkeit und immer wieder vom Tod handelt, ohne den alles andere gar nicht zu denken ist, der zum Wagnis des Guten wie zur Verzweiflung des Verlustes gehört.

Ist das ein Kinderbuch?

Ich fing an, diese Geschichte unsern Söhnen, Kinder damals, so vorzulesen, wie wir es jeden Abend taten. An einer Stelle stockte ich und fragte: »Soll ich weiterlesen?«

»Ja, Mami, lies weiter!«

»Aber es handelt vom Tod und vom Sterben!«

Da antwortete der Jüngste: »Deshalb will ich es ja hören. Vom Tod erzählt uns sonst keiner!«

Kinder und Tod. Ein Kind, das zu seiner Großmutter sagt: »Ich weiß jetzt, warum du immer schwarze Kleider trägst. Weil du bald in die schwarze, schwarze Erde kommst.«

Ich begann, sowie ich mit Buchstaben und Wörtern zurechtkam, Geschichten und Märchen vom Tod zu schreiben. Immer ging es um den Tod, der eine Mutter holen will. Immer um den Sieg der Liebe, die die Mutter rettet. Immer war der Tod ein weiser alter Mann, eher verschrumpelt und müde als mörderisch, und die Mutter nichts als ein Wort. Keine Kontur, keine Eigenschaften, nur sanft und vom Tode bedroht.

Ich schrieb die Geschichten in schöne, querformatige Mappen mit glattem Papier. Ich illustrierte sie mit Skriptolzeichnungen, die ich kunterbunt antuschte, und dann schenkte ich sie der Mutter meiner Mutter. Ich habe sicher nicht begriffen, was meine Märchen für mich bedeuteten, und ich glaube, daß sich meine Großmutter vor allem die bunten Bilder anschaute und sie bewunderte und alles andere übersah.

So hatten wir beide unsere Ruhe.

Märchen

Der Tod ist im Märchen ein alter Mann, der im Staub der Landstraße durch die Felder und Dörfer wandert. Manchmal trägt er Sichel oder Sense, die schärfsten und wirkungsvollsten Erntewerkzeuge der alten Zeit, mit denen man nicht nur ein einziges Schönsblümlein, sondern einen ganzen Schwaden Korn und Gras abhauen konnte. Das Leben als reife Frucht. Der Tod als Schnitter.

Die Märchen sagen nicht, wo er wohnt, ob ihm Gott überhaupt ein Dach über dem Kopf zugebilligt hat. Er geht wohl Tag und Nacht durch die Welt, aber jedermann kann ihn anflehen, ihm noch eine Frist zu gönnen, der Bauer kann ihn zu Gevatter bitten, der Schmied kann ihn überlisten, so daß er eine Weile auf seinem Baum festsitzt, aber das alles hält ihn nicht auf.

Im Spiel vom Sterben des reichen Mannes, wie Hugo von Hofmannsthal sein Stück genannt hat, bekommt Jedermann diese Frist gewährt und nutzt sie zu Einsicht und Reue. Der Glaube und seine Werke begleiten ihn, bis er in sein Grab steigt. Der Tod aber steht schweigend daneben.

So wortreich alle irdischen Mächte und der Teufel mit vielen Einwänden und Ausreden um Jedermanns Seele gestritten haben – der Tod hat nichts zu sagen gehabt. Er ist die einzige Gewißheit, er ist stets gegenwärtig. Er kündigt sich dem Menschen nur manchmal an, aber »mit Weinen wird nur Zeit vertan ...«.

Er steht neben dem Grab und wartet.

Er läßt sich wohl bitten, aber nicht umstimmen, wie auch

die Märchen lehren. Als Gevatter Tod macht er seinen Patensohn zu einem berühmten Arzt, indem er ihm anzeigt, ob ein Kranker genesen wird oder ob er ihn bald holt. Steht der Tod nämlich am Kopfende des Krankenbettes, so kann der Arzt seinen Patienten mit dem Kraut retten, das ihm der Tod gezeigt hat. Steht der Gevatter aber zu Füßen des Kranken, so ist ihm kein Kraut mehr gewachsen.

Schon das ist eine Geschichte für sich: der Mensch, der sich mit dem Tod so vertraut macht, daß er von ihm lernen und ihm ein Stückchen Leben abgewinnen kann. Eine Atempause, mehr nicht, nicht der Tod ist zu besiegen, sondern nur Krankheit, Gebrechlichkeit, Gefahr. Doch wenn der Mensch wie der Arzt in diesem Märchen meint, seinen Kopf gegen den Gevatter setzen zu können, so schlägt der Tod zurück. Denn das ist der zweite, der Hauptteil der Geschichte: Zuerst wird der König krank, und als der Wunderarzt gerufen wird, sieht er den Tod zu Füßen des sicherlich prachtvollen Bettes stehen. Doch weil er als Pate des Todes mit dessen Milde rechnet, dreht er den König in seinem Bett einfach um, so daß er den Tod zu Häupten hat. Der Tod aber wird böse und sagt: »Es geht dir selbst an den Kragen, wenn du noch einmal versuchst, mich zu überlisten!«

Natürlich geschieht es auch ein zweites Mal, als nämlich die Königstochter krank wird und der König ihre Hand und alle Schätze seines Reiches dem bietet, der sie rettet.

So wagt es der Arzt wieder und hat Erfolg. Aber nun packt der Tod ihn selbst am Kragen und führt ihn in seine dunkle Kammer, tief unter der Erde. Dort brennen tausend und abertausend Kerzen, manche noch lang, andere, die von Greisen, sind nur Stummel. Ständig verlöschen Lichter, und andere flammen auf, und als der Arzt sein Lebenslicht zu sehen verlangt, da ist es auch nur ein Stümpfchen, das eben zu verflackern droht. Da erschrickt der Arzt und bittet den Tod, ihm eine neue, lange Kerze anzuzünden. Der tut so, als ob er die Bitte erfüllen will, setzt die neue Kerze aber so auf, daß das Lebenslicht des Arztes verlischt.

Das ist der Tod, der Diener des Lebens, so wie ihn heute die Biologen sehen. Wir leben, um die Erbinformationen weiterzugeben, um unsere Art, vielleicht um ein Gen verbessert, nicht aussterben zu lassen. Daß die Individuen über die relativ kurze Spanne ihrer Reproduktionsmöglichkeit hinaus weiterleben, daß ihre Kerze nicht gleich danach verlöscht, ist offenbar eine Art Luxus, den sich das Leben erlaubt. Es gibt viele Erklärungen dafür, daß unsere Generation um Jahre älter wird, als es unseren Großeltern vergönnt war, aber noch keine, ob uns die Länge der Kerze von Geburt an vorherbestimmt ist.

Es scheint vielmehr, als ob das Märchen seine Wahrheit verloren hätte. Überall auf der Welt drehen die Ärzte die Patienten in ihren Betten um. Heilen und reparieren und ergänzen, besiegen Seuchen, an denen zur Zeit der Märchen und Sagen jeder zweite starb, lassen uns so alt werden, daß wir Gebrechen bekommen, einem langsamen, grausamen Verfall ausgesetzt sind, von denen die Märchen noch keine Ahnung hatten. Gilt also die Lehre des Märchens nicht mehr? Muß ich das Bild der unzähligen flackernden Lichter, das Bild meines Lichtes inmitten des Lichtermeeres vergessen? Mein Lebenslicht, gefährdet, wenn ich nicht richtig handle, behütet von den andern, in deren Licht ich stehe?

»Die Boten des Todes« heißt ein anderes der Grimmschen Märchen, das von einem jungen Mann erzählt, der auf den von einem Riesen zusammengeschlagenen Tod stößt, sich seiner annimmt und ihn pflegt, bis er wieder zu Kräften kommt. Der Tod bedankt sich bei dem jungen Mann, indem er ihm verspricht, ihn dereinst nicht unvermutet zu überfallen, sondern ihm rechtzeitig seine Boten zu schicken. So lebt der junge Mann vergnügt in den Tag hinein und ist fassungslos, als eines Tages sein alter Freund vor ihm steht. Jetzt schon? Hatte er ihm nicht seine Boten senden wollen?

»Schweig«, erwidert der Tod, »habe ich dir nicht einen Boten über den anderen geschickt? Kam nicht das Fieber, stieß dich an, rüttelte dich und warf dich nieder? Hat der Schwindel dir nicht den Kopf betäubt? Zwickte dich nicht die Gicht in allen Gliedern? Brauste dirs nicht in den Ohren? Nagte nicht der Zahnschmerz in deinen Backen? Wirds dir nicht dunkel vor den Augen? Über alles das, hat nicht mein leiblicher Bruder, der Schlaf, dich jeden Abend an mich erinnert? Lagst du nicht in der Nacht, als wärst du schon gestorben?« Der Mensch wußte nichts zu erwidern, ergab sich in sein Geschick und ging mit dem Tode fort.

Wer den Tod anhält, sagt das Märchen auch und vor allem, gefährdet das Leben: »Was soll daraus werden?«, fragte sich der Tod, als er so kraftlos dalag, daß er sich nicht wieder erheben konnte: »Wenn ich da in der Ecke liegenbleibe, stirbt niemand mehr auf der Welt, und sie wird so mit Menschen angefüllt werden, daß sie nicht mehr Platz haben, nebeneinander zu stehen ...« Wer wie der Riese, die gottlose Gestalt, die aus einer gewalttätigen Zeit vor jeder Zeitrechnung noch in den Märchen lebt und wütet, seine Macht dazu benutzt, den Tod so niederzuschlagen, daß er seine Arbeit nicht mehr zu verrichten vermag, der verändert die Welt.

Als Wilhelm und Jakob Grimm diese Texte gesammelt haben, lebte vielleicht etwas über eine Milliarde Menschen auf der ganzen Erde. Der Doktor Semmelweis in Buda hatte noch nicht entdeckt, daß man sich die Hände waschen sollte, bevor man seine Arbeit als Geburtshelfer beginnt, und wenn ein Kind früh starb, so sagten die Frauen der Familie: »Ein Engel mehr im Himmel, der für uns betet.« Sie glaubten, daß nicht nur das Leben, sondern auch der Tod seinen Sinn hat.

Kinder- und Hausmärchen haben die Grimms ihre Sammlung genannt, und die Geschichten sind schon seit Jahren und Jahrhunderten Kindern und Erwachsenen erzählt worden. In vielen Dörfern gingen die Frauen im Winter nach dem Nachtmahl reihum zu einer Nachbarin, um Licht zu sparen und in Gesellschaft noch ein oder zwei Stunden zu spinnen. Zeit für Geschichten, so wie man heute das Fernsehen anstellt. Aber man mußte sich nicht anhören, was die Sender brachten, man hatte die freie Wahl. Man konnte erzählen, was gerade erzählt werden mußte.

Die Märchen wurden an diesen Spinn- oder Heimstuben-Abenden in der Runde derer erzählt, die sich kannten und vielleicht genau spürten, welche Geschichte eine von ihnen an diesem Tag besonders brauchte, als Lehre, als Trost, als Ermutigung. Das hörten die Kinder mit, und sicher wurden, wenn die Erzählerin eins im Nachthemd im Schatten des Ofenwinkels entdeckte, andere Märchen erzählt. Und wenn sich die Männer zur Runde gesellten, gaben sie ihre eigenen Geschichten zum besten. Aber sicher wurde manchmal besonders für ein Kind erzählt, dem man in der Sprache des Märchens das sagen konnte, was sonst ungesagt geblieben wäre. Die Märchen erzählen vom Tod auf ihre Weise, erzählen aber gleichzeitig vom Leben, von der Liebe, der Freundestreue, der belohnten Zuversicht, von der rechten Art, das Leben zu führen und sich am Leben zu freuen und immer dankbar zu sein für ein Stück Brot.

»Heute«, sagt mein Arzt, »betrügen wir Gevatter Tod fast jeden Tag. Die Menschen sind durch die Medizin und durch die hygienische Versorgung so gewappnet, daß sie viel später sterben als ihre Eltern und Großeltern, und deshalb glauben sie, sie könnten ihren Tod verdrängen, könnten sich freikaufen. Sie wollen nicht über den Tod sprechen, und wenn ich ihnen sage, daß er vor ihrer Türe steht, so kneifen sie nur feindselig die Lippen zusammen und gehen zum Kollegen. Sie wollen von mir nur ein Medikament gegen den Tod haben. Ein wirksames, auf Kassenrezept.«

Und? Er zuckt die Schultern. »Ich bin nur der Arzt. Aber ich weiß, wie schwer der Mensch stirbt. Wie schwer das Abschiednehmen wird, wenn ihm so viel Unerledigtes auf der Seele liegt.«

Wie alt werden wir werden? Alt genug, um noch die Pille gegen den Tod zu erleben? Eine Freundin braucht täglich Spritzen gegen ihre Zuckerkrankheit. Eine andere wäre ohne ihre täglichen Tabletten bewegungsunfähig. Ich schlucke jeden Tag eine Pille gegen den Krebs oder besser: gegen die vielleicht in mir herumsausenden Krebszellen. Sind wir damit schon auf dem Wege zur Pille gegen den Tod?

Ein Bekannter, todkrank und aller Pillen und Chemotherapien überdrüssig, machte eine, wie er meinte, letzte und sein ganzes Leben lang ersehnte Reise nach Australien. Dort stieß er auf einen Schamanen der Aborigines. »Ich hab ihn gefragt, ob er mir helfen kann. Er hat mich auf die nackte Erde gelegt und auf seine Weise untersucht. Dann hat er gesagt: ›Du mußt dein ganzes Leben ändern.‹ – Das hat mich ganz merkwürdig berührt. Ja, ich lebe jetzt anders, langsamer, bedächtiger, todesbereiter, und gleichzeitig muß ich immer an diesen Satz denken: Dein ganzes Leben. Hab ich das denn noch vor mir? Aber gleichgültig, wie lange: Ich lebe, bis ich sterbe. Ich lebe wirklich.«

Der Mensch

Empfangen und genähret
Vom Weibe wunderbar,
Kömmt er und sieht und höret
Und nimmt des Trugs nicht wahr;
Gelüstet und begehret
Und bringt sein Tränlein dar;
Verachtet und verehret,
Hat Freude und Gefahr;
Glaubt, zweifelt, wähnt und lehret,
Hält nichts und alles wahr;
Erbauet und zerstöret,
Und quält sich immerdar;
Schläft, wachet, wächst und zehret;
Trägt braun und graues Haar – –
Und alles dieses währet,
Wenn's hoch kommt, achtzig Jahr.
Denn legt er sich zu seinen Vätern nieder,
Und er kömmt nimmer wieder.

MATTHIAS CLAUDIUS

Gedichte

Es war schon abgegriffen, als ich es von einer Kränzchenfreundin meiner Großmutter bekam, 1938, zum Trost für den Verlust meiner Freundin, die ich – wie die alte Frau wohl wußte – sobald nicht wiedersehen würde: eins der »Bücher der Rose«, Wilhelm Langewiesche-Brandt, Ebenhausen bei München, 1917, Auflage 130 000, blauer Leinenrücken mit Heckenrosenranken wie von Heinrich Vogeler, hellblauer Einband, in der Mitte ein Heckenrosenkranz mit fünf weit offenen Blüten, darin in fetter Fraktur der Titel »Die Ernte«. Das war die Ernte aus acht Jahrhunderten deutscher Lyrik, ausgewählt von Will Vesper. Der Name war mir gleichgültig und so unbekannt wie die Namen der meisten, die in diesem Band versammelt waren. Keiner wurde erklärt, nur die Lebensdaten genannt.

Und beim ersten Gedicht hieß es: »Dichter unbekannt, um 1150 bis 1200«. Es war »Du bist mien, ich bin dien –«, und ich hielt es für ein Gedicht der Freundschaft und las voll Sehnsucht weiter und las und las ein Gedicht nach dem anderen und begriff nichts, wurde aber ergriffen vom Geheimnis der Sprache, stand inmitten von Gefühlen, die ich noch nie empfunden oder für die ich noch keine Wörter gefunden hatte: »Seht den Felsenquell, / Freudehell ...«, »O flaumenleichte Zeit der dunklen Frühe! ...«, »Gelassen stieg die Nacht ans Land / Lehnt träumend an der Berge Wand ...«, »Melde mir die Nachtgeräusche, Muse ...«. Und dann, von Eichendorff: »Windsgleich kommt der wilde Krieg geritten / durch das Grün der Tod ihm nachgeschritten ...«. Oder Schiller:

»Der Tod ist los – schon wogt der Kampf – eisern im wolkigten Pulverdampf ...«.

Erhabener Klang! Das rollte mir mit den O's in den Kopf. Das paßte zu meinen Großvätern, zu den Gemälden der Ahnherren, die tapfer und heil aus dem wolkigten Pulverdampf geritten oder geschritten waren, am Tode im Grün vorbei, haben ihm vielleicht zugenickt wie einem alten Gesellen, jeder hat seine Pflicht, jeder erledigt seine Arbeit, bis das nächste Mal die Würfel fallen, eisern oder nicht. Keiner von ihnen hatte vor Grodek gelegen, »Am Abend tönen die herbstlichen Wälder / Von tödlichen Waffen ...« Dies Gedicht stand nicht in der »Ernte«. Ich las es in einem anderen Buch, im ersten Jahr des Zweiten Weltkriegs, und lernte: Grodek, das war 1914 in Galizien. Nach der Schlacht bei Grodek mußte Georg Trakl, als Medikamentenakzisist, neunzig Schwerverletzte in einer Scheune allein betreuen, ohne ihnen helfen zu können. »Alle Straßen münden in schwarze Verwesung.« Im November 1914 nahm sich Trakl das Leben.

Und nach 1918 gab es keine Gemälde in Uniform mehr, gar keine Porträts für Ahnengalerien, man begann zu photographieren. Und deshalb besaßen alle Gedichte über den Tod in meinem blauen Buch, über den schrecklichen und schönen Tod, den Heldentod, den schmerzreichen Tod, den frühen Tod, den Tod der Geliebten, den ersehnten Tod etwas Fernes und Theatralisches. Sie bewegten mich ebenso wie jene über die Liebe, die ich auch noch nicht kannte, aber das waren Dinge, die später geschehen würden, und ich glaubte, »Heute will ich fröhlich, fröhlich sein / keine Weis' und keine Sitte hören / will mich wälzen und für Freude schrein ...«, handelte von etwas anderem. Doch zwei Seiten nach diesem Frühlingsgedicht stand das andere von Matthias Claudius: »Ach, es ist so dunkel in des Todes Kammer ...«, und das traf mich mitten ins Herz meines Herzens.

Er sagte nicht »Ach, wie ist es dunkel«, er sagte: es ist. Er weiß es, dachte nicht. Er redet nicht in Bildern und Figuren. Er sagt einfach: »Ach, es ist so dunkel in des Todes Kammer / Tönt so traurig, wenn er sich bewegt / Und nun aufhebt seinen schweren Hammer / Und die Stunde schlägt.«

Er weiß alles über den Tod, er weiß, daß er nichts ist als derjenige, der ewig die Stunde schlägt. Kein Bruder, nicht süß und nicht ehrenhaft, kein Gevatter, kein Räuber und Mörder. Ich lebe, und er schlägt die Stunde. Das ist es, mehr nicht. Mein Leben ist mein Werk und der Stundenschlag das seine. Trotzdem sagt Claudius, der Hammer sei schwer. Wem? Dem Tod oder mir?

Ich habe dieses Gedicht im Lauf meines Lebens immer wieder aufgeschlagen, so oft, daß sich das blaue Buch von alleine auf dieser Seite öffnet.

Nach dem Tode meiner Großtante kam ihr kleines rotes, dickes Notizbuch in meine Hände, in dem ihr Vater in haardünnen, winzigen Buchstaben das notiert hatte, was sie seiner Meinung nach wissen mußte, um ihm nach dem Tod seiner Frau seinen Pastorenhaushalt zu führen.

Sie war aber noch ein halbes Kind. Doch ehe größere Haus- und Küchenkatastrophen eintraten, starb auch er. Und das kleine, dicke rote Buch führte nun ein Leben neben der Schwesternschülerin und der Schwester, nahm selbstgedrechselte Gedichte für Feste auf den Krankenstationen und im Mutterhaus auf, folgte der Kriegs- und Nachkriegszeit, zog mit seiner Besitzerin in Pension, sammelte Strickmuster für Babyjäckchen, Kuchenrezepte und Blumenpflegetips. Dann folgten ein zweites Mal Kriegs- und Sparrezepte und dann, schon mit zittrig gewordener Schrift, auf allen leer gebliebenen Seiten zwischen Spekulatius-Rezept und Biologiezeichnungen von mir die Choräle »Großer Gott, wir loben dich« mit allen Strophen und »Tod, wo ist dein Stachel«. Trostlieder der Pastorentochter.

Die allerletzten Eintragungen aber waren zwei Gedichte, eins von Wolfgang Borchert, »Manchmal«, unter das sie schrieb: »Der Todestag des 26jährig verstorbenen Dichters jährt sich am 20. November 1957 zum zehnten Male.«

Das andere Gedicht stammt von Johann Gottfried Seume, dessen »Spaziergang nach Syrakus« zu ihren Lieblingsbüchern gehört hatte. Ein Gedicht ohne Titel. Es besteht aus vier Zeilen: »Und weigerte man mir / auch Sarg und Decke / was liegt mir dran? / Flaum oder Stein ist eins, / an welchem Flecke / geht mich nichts an.«

Das war ihr Gedicht, bei dem sich das kleine, dicke rote Buch bis zum heutigen Tage von selber öffnet.

Und was nun?
Es geht weiter.
Und dann?
Der Tod.

WOLFGANG KOEPPEN

Lehrbuch

Es gab einmal den guten Tod. Das war das Ziel der frommen Christen, das einzige Ziel ihres Erdenwallens. Gut ist in dieser Hinsicht jeder Tod, wenn der Mensch so gelebt hat, daß sich ihm die Pforten des Himmels öffnen, daß die Engel und alle Heiligen ihn erwarten, daß Gott ihn zurück an sein Herz nimmt und daß dann eine ewige Seligkeit in Singen und Lobpreisen herrscht.

Der gute Tod, wohlverdient mit guten Taten, mit Mildtätigkeit, Mäßigkeit, Demut, Nächstenliebe und so weiter. Mäßigkeit nicht nur als kluge Selbstbeschränkung, sondern auch als Erkenntnis des rechten Maßes. Also als Korrektiv für den heuchlerischen Überschwang, der aus Frömmigkeit Fanatismus, aus Nächstenliebe öffentliche Prahlerei mit Tausend-Euro-Schecks macht, aus Demut den einmal in der Woche beim Gottesdienst gesenkten Kopf.

Diesen ehrlichen, guten Tod konnte man lernen. Die ars moriendi, die Kunst des Sterbens, ist festgehalten in Lehrbüchern des Mittelalters. Sie beschreiben die Vorbereitungen auf den Tod, die Zeremonien des Übergangs, die Sitten, Gebete und Gebräuche, die Gefühle in einer Ordnung halten, um sie erträglicher zu machen. Die dem Sterbenden und den Seinen Sätze anbieten, Stoßgebete und Sterbegebete, mit denen sie ihre Angst und Not ebenso herausschreien können wie David in den Wörtern seiner Psalmen: »Gott, mein Gott, warum hast du mich verlassen?« Und als Antwort die vielen Sätze des Trostes: »Der Herr ist mein Hirte …

Und ob ich auch wandelte im finsteren Tal …«

Im Tal des Todes. Die Bilder, die uns aus der Zeit des alten Christentums überliefert sind, zeigen immer wieder zwei Todesarten: den schmerzensreichen Martertod Christi am Kreuz und den gesegneten Tod der Gottesmutter. Sie starb in für damalige Zeit hohem Alter, die Jünger und Freunde ihres Sohnes, reife Männer unterdessen, stehen um ihr Bett herum, das auf den meisten Holzschnitten und Gemälden wie das eines Fürsten frei in den Raum ragt, so daß die Jünger sie von allen Seiten umringen können. Ruht sie unter dem Baldachin, so sind die Bettvorhänge zurückgebunden, so daß sie im Lichte liegen kann. Ihre Kissen sind glatt und prall, die Bettdecke ist reich bestickt und liegt ordentlich auf ihr – kein zerwühltes Laken, kein zerrauftes Haar, kein Zeichen von Schmerz, Schlaflosigkeit oder Todesqual. Ein stilles Ruhen, ein Frieden, der sich dem Betrachter solcher Bilder mitteilen soll. Siehe, so könnte sich auch dir der Himmel öffnen, denn oft hat der Maler oder Kupferstecher schon die schön gekräuselten Wolken über dem Marienlager gemalt, zumindest die Füße der Engel und der lieben Heiligen, die da aus der ewigen Seligkeit herausragen. Und wenn es für den normalen Sterblichen auch nicht so unbürokratisch flugs wie bei der Gottesmutter geht: Es ist derselbe Himmel, in den aufzuerstehen von den Toten uns verheißen wurde. Im Taufzeremoniell wird der Pate für das noch sprachlose Kind gefragt: Glaubst du? Ja, ich glaube. Das wiederholt der getreue Kirchenchrist in jeder Messe, die er besucht. Credo in unum deum und an die Auferstehung von den Toten und das ewige Leben. Amen.

Ich sage es, und ich weiß: In meiner Kirche, in meinem Land stehen jetzt ungefähr zur gleichen Zeit, an jedem Sonntag, tausende von Menschen, in ganz Europa sind es, wenn ich die Zeitunterschiede außer acht lasse, sicher hunderttausende, und auf der ganzen Welt, auf der zu irgendeiner Stunde des Tages der gleiche Sonntag herrscht, der gleiche Glockenklang die Messe und die Wandlung ankündigt, vielleicht viele Millionen Menschen. Alle sagen in einem festgesetzten und sich immer wiederholenden Moment der Messe Pater noster und Credo.

Müßten sie, wenn sie ihren Glauben so oft bestätigen, nicht alle ein gutes, gottgefälliges, menschenfreundliches, aufrechtes, wahrheitsliebendes Leben führen, die zehn Gebote befolgen, die Tugenden achten, die sieben Werke der Barmherzigkeit ausüben und die sieben Todsünden meiden: Zorn und Mord, Gotteslästerung und Wollust, Habgier, Neid und Geiz?

Alle beten in allen Kirchen bei allen Messen. Aber nichts ändert sich, und wir müssen es immer wieder sagen, und wie soll man da zu einem guten Tod kommen, wie kann man sich befriedigt und zufrieden in die letzten Kissen zurücksinken lassen und seine Seele Gott empfehlen?

Wenn es Gott gibt, wenn er so ist, wie ihn sich die Menschen nach den Zeugnissen der Evangelisten vorstellen, wenn er für uns gestorben ist, wenn er Gericht hält, wenn er vergibt, dann ist es nur sein Erbarmen, das uns rettet, und deshalb wohl haben wir das andere, das zweite Bild des Todes, das jedermann zum guten Tode führen soll: Christus am Kreuz, Todüberwinder, Auferstandener, Erlöser, sitzet zur Rechten Gottes, des allmächtigen Vaters. »Ich bin die Wahrheit und das Leben, wer an mich glaubt, wird niemals sterben.« Uralte Verheißungen und Worte. Mir, die ich sein Geschöpf bin wie Walfisch und Katze, Mücke und Adler, geben sie die Freiheit, mich zu befreien und das irdische Kleid zu lockern. Versöhne dich mit deinem Bruder, zahl deine Schulden, tröste die Beleidigten, laß los, was dich hält. Denk an den Tod.

Der Weg der Seele, Ba und Ka

Im Herrgottswinkel brannte eine Kerze, lehnte ein Gnadenbild an der Wand, stand vielleicht eine kleine Nippesfigur eines Namenpatrons. Aber wenn der Tod in die Stube trat, verwandelte sich alles.

In den längst vergangenen Zeiten, als man Wegstrecken nach Stunden maß, die man zu Fuß über Stock und Stein brauchte, als auch Gevatter Tod nur selten einen Klepper ritt, lagen am Land viele Höfe einsam, und auch im Dorf waren die Nächte finster. Wußte man, wo die Nacht endete und der Tod begann? Wußte man denn, wie die Seele war? Auf den Bildern in der Kirche konnte man sehen, wie Engel und Teufel neben dem Lager des Sterbenden darauf lauerten, daß die Seele dem irdischen Leibe entwich, und schon würden sie zupacken, der Teufel mit seinem Dreizack, der Engel mit Händen und Flügeln, jeder wollte der erste sein, die Seele war eine Beute, um die sich Himmel und Hölle stritten.

Was sollte man davon halten, wenn plötzlich Himmel, Tod und Hölle in die Stube brachen und trotz allem keiner sagen konnte, wie die Seele wirklich war. Schon fromm und rein von allen Fürbitten der Familie und vom Salböl des Sterbesakraments? Oder schlüpfte sie aus dem stillen Leib wie aus einem Gefängnis und war auf Unheil aus?

So ließen die Hinterbliebenen bei aller Trauer und allen Tränen auch Vorsicht walten, und vieles wird noch heute befolgt, nicht mehr aus Furcht, daß die Seelenruhe des Hauses gestört werden könnte, sondern weil es im Kummer ein großer Trost ist, gewisse Handlungen auszuführen, etwas zu ordnen, zu richten, zu beschwören, auch wenn man es nicht mehr benennt.

So läßt man die Kerze neben dem Sterbelager brennen. Auf alten Gemälden vom Marientod sieht man, wie die Gottesmutter eine lange weiße Kerze in den Händen hält, auch die Trauernden tragen brennende Kerzen. Das ist als das Licht des Auferstandenen zu verstehen, als Verheißung der ewigen Seligkeit. Dazu befördern die Flammen und Flämmchen noch die Gebete zum Himmel hinauf und vertreiben die Schatten in der düsteren Kammer.

Dann schloß man dem Toten die Augen, beschwerte die Lider manchmal mit Gold- oder Silbermünzen, damit sie geschlossen blieben, und band ihm das Kinn mit einem Leinentuch fest. Heute meint man, dem Toten dadurch eine stille Miene zu verleihen. Damals hielt man Augen und Mund für die Tore, aus denen die Seele herausschlüpft, und man wollte ihr den Rückweg versperren. Denn trotz Taufe und Weihwasser glaubte man nicht, daß eine Seele unbedingt spornstreichs und auf Engelsschwingen in den Himmel entschwebte. Man fürchtete vielmehr, sie wolle noch das erledigen, was sie vor dem Tode nicht hatte erledigen können. Am meisten fürchtete man ihre Rache. Also öffnete man sofort nach dem Tod die Stuben- und die Haustür, nahm manchmal ein paar Dachziegel ab, damit die Seele nur flugs emporsteigen konnte, und nach der Zeit, die man ihr dafür zubilligte, wurden Tür und Dach wieder fest geschlossen. Dann verhängte man die Spiegel, weil sich die Seele darin sehen und, in sich selbst verliebt, bleiben könnte.

In den Gräbern von Königen aus vor- und frühen nachchristlichen Jahrhunderten hat man Masken aus hauchdünn gehämmertem Goldblech gefunden. Sie sollten ebenso wie das der Seele unbekannte Totenhemd und die gleichförmig schwarze Trauertracht der Hinterbliebenen die vielleicht noch auf Erden herumirrende und nach ihrer alten Bleibe suchende Seele verwirren, damit sie sich endlich doch auf den ihr einzig zugedachten Weg mache: den Weg in die ewige Heimat. Sie ist, wie man sagt, erlöst, aber die Zurückbleibenden sind es auch. Sie haben für die arme Seele getan, was getan werden mußte. Sie haben keine Verpflichtungen mehr, sie sind ebenfalls einen ihnen zugedachten Weg durch Kummer und Trauer gegangen. Jetzt sind sie frei weiterzuleben.

Und wie war es am Nil? Die Mumie wird eingewickelt in Leinenbinden, die manchmal hunderte von Metern lang sind, verpickt mit Gummi, umhüllt von Gips, bemalt, in Kästen gelegt, die in Kästen kommen, die in steinerne Sarkophage verpackt werden, die tief unter die Erde in Grabkammern geschleppt und eingemauert werden. Gründlicher kann man nicht eingesargt werden.

Wo soll nun das, was vom Menschen unsterblich ist, den Weg in dieses neue Leben finden? Und was war unsterblich? Damals war das nicht nur die Seele. Es gab den Ba, den Seelenvogel, der tagsüber die Familie und die Freunde des Toten umflatterte und nachts wieder zu seiner Mumie heimkehrte. Und da war der Ka, der unsichtbare Doppelgänger des Toten, die unsterbliche Lebenskraft, die zwischen dem Toten und dem Totenreich hin und her wanderte. Und wie fanden Ba und Ka aus der Mumie, der Grabkammer, aus den Tiefen der Erde heraus?

Zu den Bestattungsriten gehörte die Öffnung des Mundes, die der Priester am Toten, also an der Mumie vornahm, ehe es ins Dunkle ging. Zwischen den Leinenbinden steckten außerdem Amulette in Form eines Udjat. Das ist das Zauberauge des Horus, des Sonnengottes, Sohn von Isis und Osiris, den Göttern der Unterwelt. Horus mit seinem Falkenkopf galt als der Beschützer der Toten, und mit seinen Augen konnten die Toten sehen. Auch auf den Sarkophag wurden die Götteraugen gemalt, damit Ba und Ka mit diesen Augen herausschauen konnten. Auf eine Wand der Grabkammer wurde dann eine Tür, eine Scheintür gemalt, die nur der Seele diente, und das auf die Mumie gemalte Gesicht zeigte der

Seele bei der Rückkehr von ihren Wanderflügen, daß sie beim Richtigen gelandet war, bei seinen Geräten und Möbeln, Schätzen und Nahrungsmitteln, mit denen Ba und Ka ihr ewiges Leben wie auf Erden weiter leben konnten.

Dann wurden auch die Bilder lebendig, die die Wände der Grabkammern schmückten: Tänzerinnen tanzten, Bauern pflügten die Erde, Jäger jagten, Diener schleppten Korn und Früchte herbei. Und die Götter der Totenwelt hießen die Toten willkommen.

Krug und Schiff

Es heißt, man wisse kaum etwas von der Religion der Philister. Sie waren im 13. Jahrhundert vor Christus auf Kreta und in Kleinasien ansässig gewesen, nach Kanaan, ins Land Israel gezogen und hatten es von der Küste aus zu erobern versucht. Erst David schlug sie endgültig zurück.

Ein ungesichertes Leben und kein beständiger Landbesitz. Vielleicht formten sie deshalb mobile Särge: Tonkrüge wie große Eier mit Menschengesichtern, Mund und Augen fest geschlossen, Nase und Ohren sehr groß, die spinnefingrigen Hände so auf den runden Ton-Leib gelegt wie nach einer üppigen Mahlzeit. Der Deckel des Totenkrugs sitzt wie ein Strohdach auf, und sicher stand dieser Krug zwischen den Vorratsgefäßen mit Korn und Öl. Der Tod als Nachbar des Lebens.

Wir wissen auch nicht viel von denen, die vielleicht unsere Vorfahren waren. Eiszeit. Steinzeit. Endlose Wälder und Sümpfe, Flußauen und Schutt und Geröll, das die Gletscher hinterließen. Wer dort und damals lebte, hatte nicht viele Gefährten, und wenn einer starb, war die Einsamkeit größer. Und er fehlte den anderen, denn jeder war wichtig: als Jäger, als Weise und Heilerin, als kräftiger Knabe, als milchreiche Mutter.

Der Tod war ein Verlust, aber mit den Toten konnten sie sich nicht belasten. Sie begruben sie auf ihren Wegen. Sie hinterließen mit ihnen eine Spur. Vielleicht war die Erde noch fast gefroren. Vielleicht zogen sie nur durch und hatten keine Zeit, ein langes Grab zu schaufeln, wer weiß.

So hoben sie vor zwei- oder dreitausend Jahren dort im hohen Norden nur eine Kuhle aus und legten ihren Toten zusammengekrümmt hinein, wie ein Kind im Mutterschoß der Erde. Aber sie packten seine Gerätschaften mit in das Grab, seinen Halsschmuck, ein Gefäß mit Nahrungsmitteln, seine Waffen. Sie glaubten sicher, daß er das alles brauchen würde. Daß er wieder aufwachen und ein anderes Leben führen würde, vielleicht in Ewigkeit. Für diesen Glauben muß es keine schriftlichen Zeugnisse geben. Das kann man aus dem schließen, was man sieht, wenn die Archäologen ein Grab dieser Art entdecken und ausgraben.

Es kann freilich auch sein, daß sie dem Fürsten aus der Zeit der Völkerwanderung all seine Pferde und einen Streitwagen mitgaben, um seine und die eigene Macht zu betonen. Oder sie ließen die Armee eines chinesischen Heerführers, sechstausend Mann, Roß und Reiter, in Ton wieder erstehen. Sie warteten mit ihrem Fürsten in den Tiefen der Erde auf das Leben nach dem Tode, warteten, um wieder und weiter für ihn zu kämpfen, mutig und treu bis in die Ewigkeit.

Wenn man aber eine Königin der Wikinger war, so wurde man in einem großen Schiff bestattet, samt Dienerin, Webstuhl und Küchengerät, und auch daraus mag man schließen: Sie und die Ihren glaubten, daß die Königin weiterleben würde, mit ihrer getreuen Magd, daß sie weiter weben und einen guten Haferbrei kochen würde.

Das glaubte man ebenso in Ägypten und hinterließ Geld, damit die Hinterbliebenen in bestimmten Zeitabständen zum Grabe gehen und nach dem Rechten sehen, vor allem aber frische Nahrung als Opfergabe und Speise für die herumwandernde Seele dalassen konnten. Und in Ägypten wie in Gallien glaubte man daran, daß noch etwas anderes auf die Seele wartete, daß man also in dem gemauerten Grab in Gallien oder anderswo in Germanien ein Loch lassen mußte, damit die Seele herausschlüpfen konnte, so wie in den Felsengräbern am Nil. Ein Seelenloch.

Als Baldur, der strahlende junge Frühlingsgott, durch die List und Tücke des neidischen Loki starb und auf den Scheiterhaufen gelegt wurde, flüsterte ihm der Göttervater Odin durch die Flammen ins Ohr, er werde auferstehen, wenn nach dem letzten Kampf der Götter, nach der Götterdämmerung, eine neue, reine Welt entsteht.

Darauf warten sie, überall.

Das Totenmahl

Überall dort auf der Erde, wo Menschen gelebt und gehaust und geackert haben, legen Archäologen mit immer moderneren Methoden Gräber frei, die immer wieder älter sind als das älteste Grab, das sie bisher kannten. Und sie stellen dabei immer wieder fest, was damals gegessen wurde, denn in vielen der prähistorischen Ruhestätten findet man das, was man dem Toten mit auf seine letzte Reise gegeben hat, weil man glaubte, daß er es im Jenseits brauchen würde. Nicht nur Schmuck und Pferd und Wagen in voller Größe oder in symbolischer Mini-Gestalt, sondern auch Pfannen und Vorratskrüge, ganze Küchenausstattungen, wenn nicht in Muster-Form wie für eine Puppenküche, so an die Wände von Grabkammern gemalt oder gemeißelt, so daß man ablesen kann, wie vor Tausenden von Jahren gekocht und gehausmuttert wurde – zumindest an so großen Festtagen, wie es ein Leichenbegängnis war.

In Asien, wo man die bisher ältesten Speise-Altertümer gefunden hat, war es natürlich der Reis, der der Sage nach eine Folge kosmischer Liebe gewesen war. Als sich bei der Erschaffung der Welt der Himmel über die Erde beugte, fielen ihm ein paar Reiskörner aus der Tasche. So war dieses Getreide den Menschen sieben- oder zehntausend Jahre vor unserer Zeitrechnung Götterspeise. In der Spirit Cave, der Geisterhöhle im Norden von Thailand, fanden Paläoanthropologen Speisegefäße mit Reisresten, rituelle Gaben für die Geister der Verstorbenen.

Bei allen alten Völkern findet man eine ähnliche Fürsorge,

und wir wissen nicht, ob es schauervolle Angst vor der Geistermacht, vielleicht der Rache der Toten war, die man mit guten Happen beschwichtigen wollte. Oder ob man die Ungewißheit über das Jenseits, vor allem über die ungewisse Spanne zwischen Tod und Auferstehung am Jüngsten Tage nicht anders ertragen konnte und den verehrten Toten wenigstens etwas zu essen darbieten wollte. Was kann ich ihnen denn schon geben außer Reis oder Korn oder Brot und Gebeten?

Diese Verbindung hat überdauert. Hat Jahrtausende angedauert, ohne die Grenzen der Kulturen und Nationen zu beachten. Wenn ein Mensch trauert, so empfand er wohl zu allen Zeiten und an allen Orten den gleichen Schmerz, die gleiche Sorge, die gleiche Erschütterung. Leib und Seele, sagt man, gehören zusammen, und so hängt der Volksglaube daran, daß die Seele vielleicht noch gar nicht so weit, daß sie noch gar nicht so unirdisch ist, kurz: Man befürchtet, sie könne Hunger haben. Und es ist sicher nicht gut für mich, wenn meine Mutter- oder Vater- oder Gattenseele draußen in der kalten Nacht frieren und darben muß, von den armen kleinen Kinderseelen ganz zu schweigen. So haben die Menschen seit frühester Zeit nicht nur für ein Totenhaus gesorgt, sie haben an bestimmten Tagen für die jüngst Verstorbenen bei sich zu Hause den Tisch gedeckt, haben ihnen Essen vorgelegt und Wein in den Becher gegossen. Das war und ist an den hohen Fest- und Feiertagen Sitte, und manchmal gilt es noch für eine bestimmte Zeit nach der Beerdigung.

In den arabischen Ländern gibt es am Ende des Fastenmonats eine heilige Nacht, in der nach der Legende die Toten zu ihren Familien zurückkehren und mit ihnen ein Festmahl feiern können, manchmal auf dem Friedhof, manchmal zu Hause.

In Madagaskar hat man dazu die Skelette aus den Gräbern geholt und mit an den Tisch gesetzt, während in Mexiko die Gerippe für den Allerseelentag auf Kittel gedruckt und angezogen werden und Kinder an einem Totenschädel aus Marzipan knabbern, auf dem ihr Name in Zuckerguß steht, während auf dem Tisch die besten Gerichte auf die geliebten Toten warten.

So ist es Sitte, und so möchte man es später selber haben. Das nimmt dem Abschied etwas von seiner Schärfe, und es tröstet, weil ich in keinem Fall werde darben müssen: hier die Seelenspeise meiner lebendigen Lieben, dort die der unsterblichen Engel. Außerdem tut es dem Magen der Hinterbliebenen gut, nach allen Aufregungen um Tod und Beerdigung etwas Mildes, Gutes zugeführt zu bekommen, das man nun in Ruhe genießen kann. Mit einem sanft gesättigten Bauch fühlt sich der Mensch gleich besser.

Und schließlich lenken das Essen und die Stimmung dieses Familienfestes von der schieren Verzweiflung ab.

In Alpentälern, die bis zum vergangenen Jahrhundert abgelegen und oft unzugänglich waren, haben sich Sitten und Gewohnheiten deutlicher erhalten, und so wie man im Burgenland bei großen Jahresfesten und Hochzeiten ein Glas des in der Kirche bei der Festmesse geweihten Weines für die Toten auf den Erdboden gießt, so hat man auch in den Bergen vom Besten gegeben, was man hatte ernten können: Weizen und Roggen zum Beispiel für gutes Brot. Wenn der Kirchenbitter durchs Dorf ging, um den Nachbarn zu sagen, daß einer gestorben war, so reichte man ihm Brot, weil er sonst »den Tod im Haus zurückließ«, und wenn die Nachbarn dann zur Totenwache kamen, wurden sie mit Brot und Most, mit Schnaps und Tabak bewirtet.

In manchen Gegenden gab es eine weizerne Totenbrezel für die Begräbnisgäste oder eine Himmelsleiter, die auch zu Allerseelen gebacken wurde. Andernorts aß man ein Bachlkoch, eine Mehlsuppe mit Milch, oder einen Hirsebrei, der auch den Toten hingestellt wurde, denn der milde, weiche Brei, dachte man schon zur Zeit der Germanen, sei gerade recht für die Seelen, die ja wohl keine Zähne zum Beißen mehr haben.

Die aber brauchten die Trauergäste, vor allem die Bettler und die Alten aus dem Spittel, fürs sogenannte Toten- oder Armenbrot, das nach der Totenmesse verteilt wurde, damit die Armen fleißig für den Verstorbenen beteten. Das war eine indirekte Geisterspeisung, bei der sich Materielles wundersam ins Immaterielle verwandelte.

In Tirol bekamen die Armen auch ein Brot von den Schwangeren, die es am Vortag der hohen Kirchenfeste gebacken hatten und nun bei einem Besuch auf dem Kirchhof bei den Toten an die Gemeindearmen verteilten. Sie sollten mit den jungen Frauen für sie und für ihre Eltern und Voreltern beten und zugleich bitten, sie mögen dafür sorgen, daß das kommende Familienmitglied leicht und gesund auf die Welt kommen könne.

Auch das Vieh und die Patenkinder bekamen von diesen heilsamen Totenbroten, die manchmal lang als Laib, manchmal als eine Stange von Brötchen geformt wurden, von der man leicht Stück für Stück für die Trauergäste abbrechen konnte.

Je mehr sich der Mensch vom Götter- und Geisterglauben entfernt und zudem gelernt hat, Mehl und Mehlprodukte zu verfeinern, desto weniger legt er eine harte Roggensemmel für die Toten aufs Fensterbrett, sondern richtet etwas Schmackhaftes her und verspeist vor allem das Totenmahl selber. Nudelsuppe mit Würsten statt Mehlkoch. Knödel oder Germnudeln statt Hirsebrei, und dazu Schweinsbraten oder Rindfleisch mit Kren und Erdäpfelschmarrn. Und bald gabs über ein Dutzend Gerichte zur Bestattung, wie der Leichenschmaus hieß, und die Bürgermeister bemerkten manchmal bitter: auf Kosten der Hinterbliebenen. Denn wenn nach dem Schmaus kein Geld mehr übrig blieb, mußte die Gemeinde für die Waisen und anderen Hinterbliebenen einspringen. Aber wenns nur bescheiden Brot und Semmeln gab, dann so viel Wein dazu, daß es zumindest zu einer anständigen Rauferei gereicht hat.

Bei den Fürsten war es nicht anders, nur wesentlich aufwendiger. Leichenschmäuse kosteten im Barock hunderttausende von Gulden, was nach heutiger Währung in die Millionen reicht, und das Mahl diente nicht so sehr dem Seelenheil als der politischen Machtentfaltung, bei der der Nachfolger für sich Reklame machte. Die Tische des Leichenschmauses waren ein Symbol der Standespyramide, neben dem Tisch der Fürsten gab es den der Ritter, der Frauen, der Knechte und so weiter, und an allen wurde dem Rang entsprechend aufgefahren: vom Frühmahl an bis zum Nachtmahl Dutzende von Gerichten bei jedem Gang, die Tafeln geschmückt mit Schaugerichten, oft aus schwarz gefärbtem Wachs und Tragant, die Adam und Eva im Paradiese zeigten oder die Arche Noah oder Szenen aus dem ruhmreichen Leben des großen Toten. Der kurfürstliche Mundkoch Marx Rumpolt schrieb vor, man solle für den letzten Gang aus Obst, der Jahreszeit entsprechend, noch folgendes zurichten: »allerley Confect mit Marcepan / mit Gebackens / mit Quitten Safft / vnd mit allerley eyngemachtem Obß ...«

Den Quittensaft nannte Goethe Quittenbast, wir sagen: Quittenbrot. Und das Marzipan zeigte nicht nur ein kunstvolles Relief oder ganze auf die Vita des Toten bezogene plastische Gruppen von Segelschiffen im Sturm bis zu kriegerischen Szenen, sondern es war als Trauer-Marzipan schön schwarz gefärbt, mit Ruß aus dem Küchenrauchfang.

Schlimm ist es freilich, wenn die arme Seele mit dem Ruß der Hölle in Berührung kommt und in Teufels Küche gerät. Fast alle Maler des Mittelalters haben sich Dinge ausgedacht, die vielleicht auf den Zustand ihrer eigenen Seele schließen lassen: Sie malten, wie die Sünder gegrillt und gesotten, ganz oder in Stücken zur Teufelsspeise werden oder wie sie einen Teller voll lebendiger Kröten vorgesetzt bekommen. Und wenn es ans Trinken geht, so rammen die Teufel denen, die den Todsünden verfallen waren, ebenso einen gewaltigen Trichter in den Schlund, wie es die Schweden im Dreißigjährigen Krieg gemacht haben sollen, und gießen glühendes Teufelszeug in die Kehle. Kein Wunder, daß so fleißig gebetet wurde, daß man so fleißig beten ließ, zu allen Zeiten, aus denen wir Kunde über Leben und Sterben haben.

Bei den Mahlzeiten mit und für die Toten aber wird das Leben noch einmal beschworen, das der Verstorbene geführt hat. Gerafft in jedem Fall, oft auch verschönt, verherrlicht, warum auch nicht? Sein Leben ist vorbei, und die Hinterbliebenen beginnen schon beim Totenmahl, dieses Leben so zu verändern, wie es ihnen paßt. Oder wie sie mit ihm weiterleben können.

So hat ein Totenmahl sicher auch den Sinn, das eigene Leben zu betrachten. Soll es so weitergehen wie bisher? Wieviel Zeit bleibt mir noch? Wie könnte ich sie nutzen – nicht nur für meine eigene arme Seele?

Es sitzt ein Vogel auf dem Leim,
Er flattert sehr und kann nicht heim.
Ein schwarzer Kater schleicht herzu,
Die Krallen scharf, die Augen gluh.
Am Baum hinauf und immer höher
Kommt er dem armen Vogel näher.

Der Vogel denkt: Weil das so ist
Und weil mich doch der Kater frißt,
So will ich keine Zeit verlieren,
Will noch ein wenig quinquilieren
Und lustig pfeifen wie zuvor.
Der Vogel, scheint mir, hat Humor.

WILHELM BUSCH

Champagner

In jeder Familie gibt es Geschichten von schönen Toden, merkwürdig im wahrsten Sinne des Wortes. Mein Urgroßonkel, der seinen eigenen Wein zog und sich gerade zum Sterben niederlegte, als der Rebensaft zu brausen begann, unterbrach das Lamentieren seiner Frau voller Ungeduld und sagte: »Lorchen, wenn ich tot bin, schau gleich nach dem Wein!«

Der andere: ein ehemaliger kaiserlicher Offizier, der an seinem letzten Tage in der Frühe aufwachte und seiner Frau befahl, alle erreichbaren Kinder und Kindeskinder, Freunde und Kriegskameraden zusammenzurufen und Champagner kaltzustellen. Er blieb im Bett, in der Mitte seines letzten großen Festes. Ich weiß nicht, ob jemand einen Arzt benachrichtigte. Aber es war die Zeit, in der es noch Hausärzte gab, die ihre Patienten kannten, und wenn er dabei war, wird er mitgetrunken und seinen alten Freund und Patienten bis zu dem Augenblick begleitet haben, in dem er ihm am Abend das Champagnerglas aus der Hand nahm.

»So ein schöner Abschied!« sagte immer derjenige, der diese Geschichte erzählte. Einen anderen schönen Abschied erlebte ich als Kind bei einer Freundin meiner Großeltern mit, Tante Milly, die uns gegenüber in einer Backsteinvilla wohnte. Der Garten hinter ihrem Haus grenzte jenseits ihres verwilderten Tennisplatzes an den Wald. Sie war gebürtige Amerikanerin, hatte ihr Geld auch nach dem Tode des Mannes drüben gelassen und deshalb nicht in der Inflation verloren. Ihre einzige Tochter war in England verheiratet, und Tante Milly lebte allein mit Gärtner, Köchin, Mädchen und

Chauffeur in ihrem roten Haus, dessen Gartentor von mächtigen Fuchsienbüschen flankiert war, die den ganzen Sommer blühten.

An diesen flammenden Blütenkelchen vorbei riß mich meine Großmutter. Tante Milly hatte herübergeschickt: »Komm, meine Freundin, ich liege im Sterben!«

Sie lag in ihrem Schlafzimmer, im sanften Licht der Lampen mit den bestickten Seidenschirmen, im Duft der Levkojen von den Beeten hinter dem Haus, in zahlreichen Kissen und seidenen Steppdecken, in einem Nachthemd mit Schleifen und Rüschen, die weißen Haare sorgfältig onduliert, die Ringe an den Fingern und die Armbänder um die mageren Handgelenke.

»Ach, daß du gekommen bist und mich in dieser schweren Stunde nicht allein läßt!«

Meine Großmutter brach in Tränen aus und sank der Freundin in die Arme, und dann klagten sie über Alter und Tod, zählten auf, wer schon gegangen war, beklagten den Verlust all derer, die, wie sie sagten, den Tod verdient hatten, aber man solle ihn ja keinem wünschen, auch dem ärgsten Feinde nicht, und dann waren sie in der Gegenwart, und Tante Milly sagte, sie sei froh, heute sterben zu müssen, denn sie wolle gar nicht wissen, was aus diesem Lande noch würde, und dann brachte das Mädchen Tee, und ich bekam auch von den hauchdünnen Ingwerkeksen, und dann gingen wir wieder heim.

»Du brauchst nur zu rufen, dann bin ich im Nu wieder bei dir«, sagte meine Großmutter zum Abschied.

»Müssen wir denn nicht bleiben? Stirbt sie nicht gleich?«

»Ach nein, sie wird wohl Bauchgrimmen gehabt haben, das drückt aufs Herz, und dann glaubst du, daß du sterben mußt.«

»Aber du hast doch so geweint!«

»Ach Kind, es tut so gut, sich einmal richtig ausweinen zu können.«

Tante Milly genoß es noch viele Male, im Sterben zu liegen, aber sie erfuhr nicht mehr, was aus unserem Lande wurde. Sie starb, bevor die Synagoge brannte. Sie starb sanft, noch in Seide und Spitzen, sie starb in ihrem eigenen duftenden, schwellenden Bett, so, wie sie es immer geübt hatte.

Die englische Tochter löste das Haus auf, und als sie sich von meinen Großeltern verabschiedete, überreichte sie mir ein dickes, in rotes Riffelleder gebundenes Buch, Shakespeare's Complete Works. »Weil du so gerne liest«, stand auf einer kleinen Karte mit Goldschnitt, die heute noch vorn in diesem Buch liegt, und wenn ich es jetzt, über ein halbes Jahrhundert später, in die Hand nehme, rieche ich die Levkojen, habe das Gefühl von Seide und stehe im matten Lampenlicht der Erinnerung.

Ecce homo

Ja! Ich weiß, woher ich stamme!
Ungesättigt gleich der Flamme,
glühe und verzehr ich mich.
Licht wird alles, was ich fasse,
Kohle alles, was ich lasse:
Flamme bin ich sicherlich!

FRIEDRICH NIETZSCHE

Flamme

Dieses »Stirb und Werde!« Welch Trost, welche Verheißung hört man als Kind, als junger Mensch in diesem Gedicht, in dieser einen einzigen Zeile! »Stirb und werde«, nicht: Werde erst einmal etwas Vernünftiges und stirb dann nach einem erfüllten Leben! Nein: Stirb! Stirb unaufhörlich! Wirfs von dir, was dir nicht gelingt! Werde morgen etwas anderes, Besseres!

Wann las ich Goethe und wann Nietzsche? Wann war es, daß ich diese Zeilen entdeckte und in Entzücken ausbrach, weil ich sie unumwunden auf mich bezog, auf das Mädchen im Widerstreit der Gefühle? »Ach, ich weiß, woher ich stamme – Flamme bin ich sicherlich!« Und ich brannte wie seine Flamme, dabei ging es nur um den banalen Jammer eines Kindes, das in einer Welt der Sportlichen und Tüchtigen den Aufschwung am Reck nicht schaffte. Das keine blonden Haare hatte und auch keine Zöpfe, sondern einen braunen Bubikopf mit Simpelfransen, weil die Großmutter sagte: »Auch noch jeden Morgen deine Haare bürsten und Zöpfe flechten! Kommt nicht in Frage!«

Stirb! Und werde ein blondes Mädel mit Zöpfen, die steil in die Höhe fliegen, wenn du im Hochsprung über die so hoch wie nie gelegte Latte saust, als ob es nichts wäre. Sterben, das Alte, das Verhaßte und zäh an mir Haftende sterben und verbrennen und dann alles noch einmal von vorn beginnen lassen!

»Das würde dir so passen«, sagte meine Großmutter, die hörte, was ich da auswendig lernte und voller Leidenschaft immer wieder aus der Seele stieß, »sowas kann sich auch nur ein Mann ausdenken.«

Nietzsche hatte es sich – von damals gerechnet – vor einem halben Jahrhundert ausgedacht, und nun paßte es in die neue Zeit, in der wir diese Begeisterung für Flammen, Tod und Sterben unter allen Umständen halten sollten, und ich war begeistert, denn da sagte mir jemand: Du bist ewig! Unsterblich!

Ich wußte ja, daß ich unsterblich bin, daß ich alles sehen und können würde, daß jeder von meiner flammenden Begeisterung zur Liebe hingerissen würde, unsterblich, unwiderstehlich, auch wenn ich diese verdammte Latte bei ein Meter fünf schon abwarf.

Stirb und werde! Und ich werde, ich weiß nicht was, aber es muß so geschehen, weil es so im Gedicht steht.

Ich wußte nicht, daß mich die Begeisterung zu der Logik verführt hatte, mit der Joseph Goebbels im totalen Krieg spielte. »Wir werden siegen, weil wir siegen müssen!«

Und wie meine Gedichtzeile nun paßte: Stirb und werde! Der Tod fürs Vaterland, der süße, der ehrenvolle, was ist er anderes als der Blättersturm im Herbst? Das Welke muß fallen, damit die nächste Knospe reifen kann. »Du bist nichts, dein Volk ist alles!«, und der Kreislauf des Lebens endet nie.

Wann las ich endlich das »Stirb und werde« anders? Als ich begriffen hatte, wofür ich mich hatte begeistern lassen? Als ich begriff, zu was mich diese Begeisterung hinzureißen begann? Als ich begriff, was der Tod wirklich ist? Der Tod im Siechenbett, unter ständigen Qualen, weil alle Schmerzmittel in den Lazaretten gebraucht wurden? Der Tod an der Front, die zu Ende des Krieges fast überall war. Und daß der Mensch trotzdem mehr ist als ein welkes Blatt?

Ritter

Reitet der Ritter in schwarzem Stahl
hinaus in die rauschende Welt.
Und draußen ist Alles: Der Tag und das Tal
und der Freund und der Feind und das Mahl im Saal
und der Mai und die Maid und der Wald und der Gral
und Gott ist selber vieltausendmal
an alle Straßen gestellt.

Doch in dem Panzer des Ritters drinnen,
hinter den finstersten Ringen,
hockt der Tod und muß sinnen und sinnen:
wann wird die Klinge springen
über die Eisenhecke,
die fremde befreiende Klinge,
die mich aus meinem Verstecke
holt, drin ich so viele
gebückte Tage verbringe, –
daß ich mich endlich strecke
und spiele
und singe.

RAINER MARIA RILKE
(zu Hans Thomas sechzigstem Geburtstag)

Eiche

Wer weiß schon wirklich etwas von seinen Vorfahren? Ein Vetter übertrug sein pensioniertes Leben lang die Urkunden aus dem Archiv der Familie, die so mächtig wie die Fugger gewesen war. Es gibt ein Familienporträt, das die Eltern zwischen den durchnumerierten Kindern zeigt, alle in der dunklen, steifen Tracht des 17. Jahrhunderts, und oben schweben Englein in deftigen Engelsnachthemden, ebenfalls durchnumeriert: die schon im Kindesalter gestorbenen Geschwister.

Wer waren sie? Wie haben sie gelebt? Was mag die Mutter gelitten haben, als wieder ein kleiner Sarg das Haus verließ?

Was ist aus all den überlebenden Kindern geworden?

»Das kann ich dir nicht sagen«, antwortete der Vetter, »im Archiv liegen die Verträge, die Berichte von Handelsreisen über die Alpen, die Berichte über Kriegszüge, die Quittungen über das Geld, das sie dem Kaiser geliehen haben.«

Es gibt ein anderes Gemälde, noch einmal hundert Jahre älter, das zeigt die Vorfahren dieser Vorfahren, wie sie langsam im Geschlechtertanz ihrer Stadt über den Marktplatz schreiten. Ihre Gesichter so alterslos wie die der anderen, von ihnen nur unterschieden durch die größere Pracht der Gewänder, die Länge von Gold- und Perlenketten, die Fülle der Broschen und Ringe.

Wie waren sie? Die historischen Daten liegen fest, wieviel Sack Geld die Ehefrau in welcher Währung mitbrachte, welches Haus, welcher Wald ihr in der Witwenschaft zustand. Was der Ehemann im Laufe seines Lebens dazugewonnen und was er verspielt und durch Räuber und Kriege verloren hat. Was er für die Stadt getan und was er für die Kirche gestiftet hat.

Mehr nicht? Mehr nicht.

Und gar nichts weiß ich von den anderen, den französischen Grafen. Im Familienbuch meines Urgroßonkels steht nur: in Paris hingerichtet, Opfer der Guillotine. Ein öffentlicher Tod. Waren sie so gelassen, wie ihre Königin auf der Fahrt zum Schafott gewesen sein soll? Oder hat sie, meine unbekannte Ahnfrau, geschrien und sich die Haare gerauft: Warum? Warum? Sie war noch jung. Ihr erstes Kind, ein kleines Mädchen, wurde, wie die Familiengeschichte erzählt, von einem getreuen Gärtner gerettet, der es im Heu versteckte.

So kann ich mir vorstellen, daß dieses Kind den Mord an den Eltern nicht miterlebte, daß es vielleicht nur sah, wie das Schloß geplündert wurde, wie es in Flammen aufging, wie dann die lange Fahrt im Versteck auf dem Leiterwagen begann, quer durch Frankreich, durch deutsche Länder, bis ins Königreich Hannover. Ein Treck von Westen nach Osten. Der Gärtner gab das Kind bei Verwandten ab. Was aus ihm geworden ist? Ob er bleiben durfte? Belohnt wurde? Miterleben konnte, wie aus dem verdreckten und verhungerten Flüchtlingskind eine schöne junge Frau wurde?

Die Familiengeschichte berichtet, daß sie verheiratet wurde, daß sie, dreißig Jahre alt, mit ihrem Mann von einem Ball nach Hause kam, sich im Schlafzimmer vor den Spiegel setzte, daß er hinter sie trat und sie in die Arme schloß, daß sie sagte: »Mein Gott, wie ist das Leben schön!« – und starb.

Ich sehe sie, im Licht der Kerzen, eben noch glühend vor Leben, und irgendwo in einer dunklen Kammer, vielleicht in einem Winkel, schwach erhellt von der Funzel der Kinderfrau, wieder ein einsames Kind.

Nach einer anderen Version ist es kein Mädchen, versteckt im Heu, sondern ein Jüngling, der nichts gegen die plündernden und sengenden Horden ausrichten konnte. Erst als das Schloß in Flammen stand, sprang er aus einem Fenster und floh, nicht unter duftendes Heu, sondern unter stinkenden Dung, aber auch am Ende dieser Geschichte sitzt da die strahlende junge Frau, Mutter von sechs Kindern, und stirbt ihren plötzlichen Tod.

Sie starb so früh, daß es nicht einmal Gemälde von ihr gibt, nicht wie jenes einer anderen Familienvorfahrin, das sie keck und hübsch in der Mode des Rokoko zeigt, ein Schönheitspflästerchen auf der Wange, weißgepudertes Haar, darauf ein Tuff rosiger Rosen. Das Bild entstand gleich nach der Heirat, und sie bekam drei oder vier Kinder. Und diese Kinder befiel eine jener Seuchen, gegen die man damals noch kein Mittel kannte: die Blattern.

Die Kinder wurden mit ihrer Kinderfrau in einem Flügel des Schlosses streng isoliert, doch, wie es in den Papieren ihres Mannes heißt: Ihre Mutterliebe ließ sich nicht beherrschen, sie eilte zu ihren Kindern, steckte sich an und starb. Starb wie die Kinder.

Oder blieb wieder ein einsames Kind zurück, vom Tode vergessen?

Eine Halbwaise, ein Stiefkind, denn sicher hat der Witwer wieder geheiratet, aber das führt in die Geschichte einer anderen fremden Familie, mit ihrem eigenen Gespinst aus Tod und Leben, Glück und Schuld.

Zu der Familie der liebevollen Mutter gehört auch jene Nachfahrin, die nach der Geburt mehrerer Kinder feststellte, daß sich das Gewebe ihrer Brust verändert hatte. Sie sagte kein Wort. Sie bereitete alles vor. Sie nahm das Abendmahl.

Sie wartete, bis der Ehemann eine mehrtägige Reise unternehmen mußte. Sie ließ sich, allein, mit Pferd und Wagen in die Landeshauptstadt fahren. Sie suchte, wie es verabredet war, den Arzt auf, einen Chirurgius, entblößte den Oberkörper, wurde mit den Armen an die Lehne eines hölzernen Stuhles gebunden und bekam bei vollem Bewußtsein die

Brüste amputiert. Am nächsten oder am übernächsten Tag hatte sie Wundbrand, und der Ehemann, der, außer sich vor Schmerz und Schreck, herbeigeritten kam, konnte sie nur noch tot in die Arme schließen.

Den Tod nicht fürchten – das lernten sie früh, die Frauen ebenso wie die Männer, die nach der Tradition zu Krieg, Landesverteidigung und klaglosem Sterben erzogen worden waren.

Die Geschichte machten, wie man später sagte, und die in die Geschichte der Familie eingingen. Meine väterliche beginnt der Sage nach mit einem, der dem Tod bei der Schlacht auf dem Lechfeld, anno 955, hundertfach begegnete und sich nicht um ihn kümmerte. Der im Kampf gegen die anstürmenden Ungarn neben den Kaiser geriet und sah, daß Otto seinen Schild kaum noch halten konnte, so schwer war er von den Pfeilen der feindlichen Reiter. Da warf er dem Kaiser den eigenen zu, riß einen jungen Eichenbaum aus, der griffbereit neben ihm wuchs, und drosch damit wild und todesverachtend so auf die Ungarn ein, daß diese wichen.

Um das Bild zu vollenden: Der Kaiser hieß den Ahnherrn niederknien, sofort, auf dem noch dampfenden Schlachtfeld, und schlug den Todesmutigen zum Ritter. Seitdem, und das ist die Wirklichkeit, tragen wir eine Eiche im Wappen, einen jungen Stamm mit rechts und links je drei abgeschlagenen Ästen, einen Eichenknüppel. So waren und so blieben die Nachkommen Ritter und schlugen sich für ihre Kaiser, mit Knüppel, Schwert und Degen, auf den Gefilden der Familienlegenden und in historischer Zeit, in der Sieg und Tod auf Pergament, später auf Papier, in Tagebüchern, in Biographien verzeichnet wurden.

Das Waffenhandwerk war ihr Geschäft, mindestens einer aus der Familie wurde Offizier, lebte nach den Begriffen von Ehre, Treue, Tapferkeit und Anstand, kämpfte gegen die Türken und ließ den Inhalt des Zelts notieren, das ihm als Siegesbeute zugesprochen wurde. Kämpfte gegen die Franzosen in Oberitalien und hatte die Ehre, Napoleon III. in Gefangenschaft führen zu dürfen. Ein anderer Vorfahr, mütterlicherseits, kämpfte in den Freiheitskriegen, siegte gegen den ersten Napoleon in Waterloo und in der Göhrde, wurde vor allem in England hochgeehrt und hat nicht nur notiert, welche Orden er von wem weshalb verliehen bekam, sondern auch den Preis: die Zahl der Blessuren, die er überlebte: »Erstens einen Streifschuß an der linken Seite des Schädels. Zweitens einen Säbelhieb über die Backe derselben Seite. Drittens einen tiefeindringenden Lanzenstich in den Rücken. Viertens einen Sturz mit dem Pferd, der das rechte Fußgelenk heftig quetschte.«

Den Tod nicht zu fürchten war das eine. Die gesunde Konstitution oder das Glück, nach solchen Hieben, Schüssen und Stichen ohne Wundbrand und andere Infektionen davonzukommen, war der eigentliche Sieg.

Das blieb so. Im Herbst 1945, als englische Besatzungstruppen die Stadt verwalteten, in der mein Stiefgroßvater lebte, das Haus uns gegenüber für den britischen Kommandanten beschlagnahmt war und dieser die Nachbarn zum ersten Mal zum Cocktail einlud, »Fraternization« hin und her, begrüßte er meinen Großvater, indem er auf sein Glasauge deutete, mit den Worten: »German bullet!«, und mein Großvater zeigte auf seinen Bauch und konterte: »British bullet!«

Ihr Glück war vermutlich, daß sie sich nicht in Flandern, im Schlamm des Stellungskrieges, gegenübergelegen hatten, vielleicht auch, daß sie Offiziere waren. Sie gehörten der letzten Generation von Berufsoffizieren an, denen ihr Handwerk so ehrenhaft und so selbstverständlich war, wie dem Bäcker das Backen und dem Totengräber das Beerdigen. Meinem Großvater wäre es, glaube ich, undenkbar gewesen, seinen Offizierseid zu brechen. Eher hätte er sich selbst das Leben genommen. Im übernächsten Nachbarhaus auf unserer Straßenseite war aber bis 1938 ein anderer oft zu Gast gewesen, der den Tod nicht nur in Kauf nahm, sondern mit ihm rechnete und ihn dennoch nicht fürchtete. Der Onkel meiner liebsten Freundin, Zwillingsbruder ihrer Mutter, evangelischer Pastor, kam oft, um mit ihr und seinem Schwager, Professor für internationales Recht, geheime Gespräche über Politik und Widerstand zu führen. Was soll man tun? Was darf man tun?

Meine Freundin und ich waren neun, zehn Jahre alt. In der Umgangssprache waren Wörter wie Heldenmütter und Heldentod alltäglich geworden. Wir lasen Schiller und riefen »in tyrannos«, ohne zu wissen, was es bedeutete, während Dietrich und seine Freunde den Tyrannen zu bekämpfen versuchten und darum rangen, den Wörtern wie Ehre, Tapferkeit und Anstand den ursprünglichen Sinn zu bewahren. Und dann, an einem friedlichen sommerlichen Nachmittag, hatten sich die Erwachsenen in das Musikzimmer zurückgezogen, und meine Freundin wollte zu ihnen, hörte noch in der Tür, was sie sagten, begriff plötzlich alles und erstarrte.

Da stand die Mutter auf, nahm sie in die Arme und sagte: »Was du eben gehört hast, darfst du keinem Menschen verraten, sonst kostet es Vater, Onkel Dietrich und mich das Leben.«

»Auch Bille nicht?« fragte sie.

»Nein, auch Bille nicht«, antwortete die Mutter. So blieb das Kind allein mit dem drohenden Tod. Sie hat mir erst Jahre später davon erzählt, nach der Emigration und nach dem Krieg.

Dietrich Bonhoeffer, der Onkel, hatte den Tod am Fleischerhaken erlitten. Mein Großvater aber, der ehrenhafteste alte Mann, den ich kannte, schickte mich im November 1944, weil es befohlen war, in den Reichsarbeitsdienst nach Oberschlesien, an der einbrechenden Front vorbei den Russen entgegen, in den wahrscheinlichen Tod, und er sagte beim Abschied: »Denk immer daran, du trägst jetzt Uniform. Du bist ein Soldat. Ein Soldat harrt dort aus, wohin ihn die Pflicht gestellt hat.«

Ja, mir war mulmig, als ich das unablässige Grollen der russischen Kanonen näherkommen hörte. Nein, den Tod habe ich nicht gefürchtet. Dazu hatte ich gar keine Zeit auf der Flucht durch Trümmer und Schnee. Und der Tod war trotz allem immer noch nur ein Wort.

O Grille, sing

O Grille, sing,
die Nacht ist lang.
Ich weiß nicht, ob ich leben darf,
bis an das End von deinem Sang.

Die Fenster stehen aufgemacht.
Ich weiß nicht, ob ich schauen darf,
bis an das End von dieser Nacht.

O Grille, sing,
sing unbedacht,
die Lust geht hin,
und Leid erwacht.
Und Lust im Leid –
mehr bringt sie nicht, die lange Nacht.

MAXIMILIAN DAUTHENDEY

Schultüte

Wer zum ersten Mal nach Rom reist, reiht sich sicher in die Schlange zur Sixtinischen Kapelle ein und sieht den Höllensturz, den Michelangelo so an die Wand gemalt hat, daß der höchste Priester der Christenheit, Gottes Stellvertreter auf Erden, täglich bei der Messe vor Augen hat, was geschieht, wenn er die Gebote seines Herrn mißachtet und der ewigen Verdammnis verfällt. Und was passiert, wenn er uns, seine und Gottes Kinder, nicht dazu bringt, der Sünde und dem Teufel zu widerstehen.

Das Bild des Jüngsten Gerichts hat die Päpste vor und nach Michelangelo nicht daran gehindert, Todsünden zu begehen, und es hat die Kinder Gottes nicht daran gehindert, zu lügen, zu stehlen, zu prassen und zu huren oder gar wegzuschauen, wenn Unschuldige aus ihren Häusern und in die Züge nach Auschwitz getrieben wurden. Deshalb zeigen die mittelalterlichen Altarbilder, die in vielen Kirchen der Christenheit das Jüngste Gericht darstellen, wie im Gewimmel der Sünder auch der König, der Kaiser, der Bischof und der Papst eingezwängt sind, schön aufrecht mit allen Insignien ihrer vergänglichen Macht geschmückt, damit den frommen Christen der Schauer packt und vielleicht der Wunsch, eigene Untaten sich einzugestehen, zu bereuen und schnell noch eine Weile ein gottgefälligeres Leben zu führen.

Deshalb zeigen in romanischen und gotischen Kirchen die Glasfenster den Totentanz, den Knochenmann mit seiner Sense, der nach allen greift und mit ihnen zum Grabe tanzt: mit dem Kind, mit dem Narren, der Braut, dem Pestkranken, der Marketenderin, dem Krieger und dem Greis. Memento mori, gedenke des Todes. In jedem Augenblick kann er dich an der Hand nehmen und dich so würgen, wie es der Tod im »Jedermann« alle Jahre wieder in Salzburg vorführt.

In einer kleinen Kirche im Allgäu hat sich der reisende Künstler, der die weißen Wände mit den Geschichten aus dem Alten und dem Neuen Testament ausgemalt hat, für die geistlichen Herren eine besondere Mahnung ausgedacht. Wenn sie am Altar standen und sich zur Gemeinde umdrehten, so starrten ihnen von den Innenseiten der Chor-Abschluß-Wand die weit aufgerissenen Mäuler der Höllenteufel und Feuerdrachen an.

Augen funkelten, Krallen griffen nach ihnen. Hüte dich, Mensch! Wir warten auf dich, wie es geschrieben steht: Das Böse liegt auf deiner Schwelle und wartet nur darauf, daß du es zu dir einläßt.

Bilder solcher Art hängt man heute in Museen, und die Teilnehmer einer Bildungsreise bekommen von Kunsthistorikern die Ikonographie erklärt und den Bedeutungswandel der Symbole, hören vielleicht auch etwas über die chemische Zusammensetzung der Farben, und dann gehen alle auf ihren verquollenen Füßen weiter und denken nur an diese Schmerzen und haben die Höllenqualen vor ihren Augen gar nicht wahrgenommen.

Und würde sie die ewige Verdammnis, die auf den Sünder wartet, die ewige Ferne von Gott, heute, in einer Welt noch schrecken oder mahnen, in der Gott nur noch ein Wort ist? In der wir wissen, welche Hölle der Mensch dem Menschen mit Napalm, Zyklon B oder Atombomben bereiten kann? Würde das Gegenbild, die ewige Seligkeit, das wiedergewonnene Paradies, ihnen ein Begriff sein, der mit ihrem eigenen Tode zusammenhinge?

In den Märchen gerät derjenige, der sich drei Wünsche erfüllen darf, in Schwierigkeiten, wenn er sich nicht mindestens für den letzten die ewige Seligkeit wünscht. Aber beim

Mord in der Erfurter Schule hat niemand gesagt, daß der Schüler mit der Pumpgun die ewige Seligkeit verspielt habe, während die Mörder vom 11. September in New York glaubten, sich gerade durch die Vernichtung vieler Menschen das ewige Leben im Paradies erworben zu haben. Wo ist Himmel, wo ist Hölle? Von der unbezweifelbaren Gerechtigkeit des göttlichen Richters ganz zu schweigen. Ich weiß nicht, was die Theologen heute zum Jüngsten Gericht sagen.

Für meiner Mutter Mutter war es die reine Wirklichkeit. Ich kam zu ihr und zum Großvater, weil es bei ihnen bessere Schulen gab als in der kleinen Stadt, in der ich bisher aufgewachsen war, und sicher auch mehr Freundinnen. Man bekam zur Einschulung eine Papptüte und wurde damit photographiert. Ich habe auf dem Bild verstrubbelte Haare und sehe verheult aus. Eins der Kinder hatte so etwas gesagt wie: »Du hast ja keinen Vater!«, und ich hatte es geschubst oder gebissen.

»So fängt es an!« sagte meine Großmutter, und ich wollte die Ursache des Streits nicht nennen, war verstockt »und verlogen! Und wenn das so weitergeht, kommst du nicht in den Himmel!« Sie sagte nicht: Du kommst in die Hölle, denn das war ein Ort, den sie sich gar nicht vorstellte, sie sagte »nicht in den Himmel«, weil der Himmel der Ort war, an dem meine Mutter, wahrscheinlich in ewiger Kindsgestalt, auf uns wartete, und nicht in den Himmel kommen, das hieß: »Dann wirst du deine Mutter niemals wiedersehen!« Und das wäre für sie die tiefste Hölle gewesen und somit das Schlimmste, mit dem sie mir hat drohen können.

So gerieten Himmel und Hölle ins Kinderzimmer, dazu das Jüngste Gericht, denn wie sollte festgestellt werden, was ich verdiente, wenn ich nicht vor Gottes Thron, der wohl dem Fauteuil im Salon meiner Großmutter ähnelte, über alles Rechenschaft ablegte?

Der dazugehörige liebe Gott sah in ihrer und dann in meiner Vorstellung aus wie von William Blake gemalt, und neben ihm saß meine Großmutter auf einer kleinen Bank und paßte auf, daß er keine meiner Schandtaten vergaß, vor allem nicht die kleinen gemeinen Sünden, von denen es ihrer Meinung nach, der einer protestantischen Pastorentochter, in der Seele eines Katholikenkindes nur so wimmelte, so daß sie in meinem Interesse ständig auf der Hut sein und die Sünden wie Wanzen oder Motten an der Wand zerschlagen mußte.

Lügen war für sie das Schlimmste, aber wenn man das weiß, kann man sich als Kind leicht darauf einrichten, so oder so.

Das machte auch sie, einfach durch Schweigen. Verschweigen. Schweigen über die Vergangenheit. Das verstörte mich mehr als alles andere. Verstörte mich mehr, als wenn sie eine offensichtliche Lüge geleugnet hätte. Vom Schweigen ausgelöscht war ihr erster Mann, der Vater meiner Mutter. Irgendwann merkte ich, daß es nirgendwo Bilder von ihm gab. Immer saß oder stand nur sie in Batist und Spitzen mit einem kleinen Mädchen in Batist und Spitzen unter Palmen und zwischen Eingeborenen. Später merkte ich, daß mein Großvater abgeschnitten worden war. Es gab aber die gleichen oder ähnliche Photographien in der Familie eines Geschäftsfreundes und eines Vetters, die ich einmal zufällig sah, zu klein damals noch, um nach Grund und Ursache fragen zu können. Auf ihren Photos lehnte mein Großvater in seinem weißen Tropenanzug an dem Rohrsessel, in dem Frau und Tochter saßen, und schaute ohne zu lächeln in die Kamera.

Und noch später, nach dem Tode meiner Großmutter, fiel mir ein zerknittertes bräunliches Photo in die Hände, das einen wohlgenährten Studenten in vollem Wichs zeigte, auf einem altdeutschen Stuhl vor einer Wand, an der gekreuzte Degen hingen. Einen Arm hatte er auf einen mit einem Teppich bedeckten Tisch gestützt, den anderen zum Gruß mit dem Bierseidel erhoben. Er lächelte selbstgefällig in die Kamera. »Mein Theo«, stand in der Handschrift meiner Großmutter auf der Rückseite.

Das war, wie ich dann erfuhr, der Mann, den sie geliebt hatte, vielleicht 1890 oder 1895. Aber als »Mein Theo« sie seinen Eltern vorstellte, sagten diese entsetzt: »Eine Waise ohne Vermögen? Wenn du die heiratest, bekommst du keinen Pfennig mehr von uns!« So sagte »Mein Theo«, offenbar ohne einen Moment zu zögern, »Das tut mir leid!«, und das war der Tod der Liebe, den sie dann ihr ganzes Leben lang schweigend mit sich herumgetragen hat. Nur von diesem Photo konnte sich meine Großmutter nicht trennen. Es blieb irgendwo zwischen ihren Sachen, ist vielleicht mit um die halbe Welt gereist.

Denn sie sagte damals: »Den ersten Millionär, der mir über den Weg läuft, werde ich heiraten!« Und das geschah schon im nächsten Jahr. Carlos, mein Großvater, war von seinen Eltern von Manila nach Hamburg geschickt worden, um sich dort eine Frau zu suchen, was seinem Vater, der Plantagenbesitzer und mit den spanischen und amerikanischen Kolonialfamilien verschwistert und verschwägert war, vernünftig oder erstrebenswert erschienen war.

So reiste der junge Mann per Schiff bis Genua und dann gemächlich nach Norden. Er machte an dem Ort, an dem sein Vater studiert hatte, sentimentale Station, ging einmal auf dem Wall um die Stadt herum, wurde von alten Freunden seines Vaters eingeladen und sah meine Großmutter.

Sie war klein, zierlich, hatte die modische Wespentaille, eine ausgezeichnete Haltung und Haare, die auf jedem Photo zurechtretuschiert werden mußten, weil sie trotz Kämmen und Knoten nach allen Seiten abstanden. Er heiratete sie, nahm sie mit nach Manila, überschüttete sie mit Brillanten, aber sie liebte ihn nicht. Sie liebte nur das Leben, das er ihr bot: das seltsame Haus auf Stelzen am Fluß, die Familie, die sie freundlich empfing, die Feste im schattigen Salon unter dem trägen Hin und Her der Luftwedel, vom Hausboy an Schnüren gezogen, die durch die Wand nach draußen führten, die Ausflüge zu Pferd oder Boot, die stetige Wärme, die

Verehrer in ihren weißen Tropenanzügen, die Dienstboten, nach denen sie nur in die Hände zu klatschen brauchte, das Feuer, das Tag und Nacht in einem extra Küchenhaus flackerte, die Terrier, die unter den Häusern nach Ratten jagten, die Kostümbälle in seidenen Chinagewändern oder in Landestracht, langen Röcken und durchsichtigen Voile-Blusen mit so hohen Puffärmeln, daß sie wie Engelsflügel aussahen, und vor allem ihre kleine Tochter, die wie eine kostbare Puppe gewickelt und gekleidet wurde.

»Zu Fuß würde ich zurückgehen«, sagte meine Großmutter als alte Frau. Denn als sie mit der Tochter das erste Mal wieder nach Europa fuhr, zu Ärzten und Schneiderinnen, wie es für Europäerinnen damals alle paar Jahre üblich war, brach die Verbindung mit meinem Großvater ab, brach der Krieg aus, der als Erster Weltkrieg bezeichnet wurde, starb ihr Mann, starb ein Jahrzehnt später ihre Tochter. Das Paradies war verloren, der Himmel hatte sich geschlossen.

Sie heiratete ein zweites Mal, trug aber nach dem Tod meiner Mutter ihr ganzes Leben lang Schwarz und benutzte bis zum nächsten Krieg, dem Zweiten Weltkrieg, Trauerbriefpapier und Taschentücher mit schwarzem Rand, der im Lauf der Jahre und durch die Kochwäsche zu einem grünlichen Grau verblaßte. »Das Leben ist eine Hölle!« sagte sie bei jeder Gelegenheit, so wie man sagt, gleich wird es regnen oder jetzt ist mir der Grießbrei wieder angebrannt, und warf Gott bei jeder Gelegenheit vor, ihr das genommen zu haben, was ihr ihrer Meinung nach zugestanden hätte: das Leben mit ihrer Tochter, das Leben in den Tropen.

Als die Städter in ihren unzerstörten Häusern die Ausgebombten und Flüchtlinge aufnehmen mußten, wurden bei meinen Großeltern zwei oder drei Zimmer beschlagnahmt, und es gab ein großes Geräume und Geschiebe, bis der Großvater sein Bett im Wohnzimmer hatte, tagsüber mit einem Kelim zugedeckt, und ihr und mein Bett in ihrem Salon hinter einem ins Zimmer hineingestellten Schrank verborgen ein Extrakämmerchen bildeten. Das waren zwei Mahagonibetten mit hohen, kassettierten Kopf- und Fußteilen, Schlafkästen, Traumgruben, und darüber die lächelnden Gesichter der gemalten Ahnfrauen in ihren dunklen Gewändern. Manchmal wachte ich nachts auf. Dann saß meine Großmutter aufrecht im Bett, tief im Schlaf, die Schultern weiß und nackt über dem heruntergerutschten Nachthemd, das Gesicht naß von Tränen. »Gott, mein Gott«, seufzte sie, »warum hast du mir das angetan? Warum hast du mir mein Kind geraubt?«

Manchmal stand mein Großvater in den Falten der Portiere zwischen den beiden Zimmern. Er schwieg. Er stand nur da, bis die Klage meiner Großmutter verstummte. Dann drehte er sich um und ging wieder in sein Bett.

Ich aber lag noch lange wach. Ich sah die alten, glatten Schultern im Mondlicht, und ich dachte: Ich bin schuld, daß meine Mutter starb. Ich bin schuld, daß meine Mutter starb, und ich werde in die Hölle kommen. Aber als Kind schläft man auch über solchen Gedanken schnell ein.

Schlußstück

Der Tod ist groß.
Wir sind die Seinen
lachenden Munds.
Wenn wir uns mitten im Leben meinen,
wagt er zu weinen
mitten in uns.

RAINER MARIA RILKE

Augentrost

Mir scheint, in den ersten Wintern der Schulzeit hatte ich regelmäßig eine Bronchitis, wie man das nannte, wurde in Umschläge aus feuchten, alten Leinenhandtüchern, gelbem Prießnitz-Gummi und weichem Wolltuch gewickelt, bekam heißen Lindenblütentee zu trinken, wurde mit doppelter Daunendecke fest eingemummelt und mußte schwitzen. Stieg das Fieber auch dann noch, wenn ich wieder aus dem heiß und starr gewordenen Umschlag gepellt, mit einem kühlen Schwamm abgewaschen und schwach von der Prozedur in die frischen Kissen gelegt wurde, so raufte sich meine Großmutter die Haare, rannte zur Balkontür neben meinem Bett und riß sie auf. Draußen hörte ich sie hin und her rennen und immer wieder rufen: »Herrgott, Herrgott, willst du mir dieses Kind auch noch nehmen?«, als ob Gott sie unter freiem Himmel besser hätte hören können.

Über meinem Kinderbett hing ein Stich, der vielleicht früher in der Halle oder dem Rauchsalon gehangen hatte. Er zeigte, wie die Unterschrift sagte, die ich bald lesen konnte, den »Tod des Kriegers«, und dieser lag in einer Art griechisch-mittelalterlichem Unterkittel auf einer Liege und schaute mit brechendem Blick zu einer schönen Frau empor, die sich die Haare ebenso zerrauft hatte wie meine Großmutter, sich über den Helden beugte und ihm ein Tüchlein oberhalb der klaffenden Wunde unter seinen Rippen preßte. Ich hatte in der Prießnitz-Packung nichts anders anzuschauen, und es quälte mich immer wieder, daß ich ihr nicht sagen konnte: »Kein Wunder, daß dein Held stirbt!

Du mußt das Tuch auf die Wunde tun! Daneben nützt gar nichts!«

In meinen Fieberträumen hörte ich sie rufen: »Mein Gott, mein Gott, willst du mir diesen Krieger auch noch nehmen?«, aber wenn ich wieder zu mir kam, war alles unverändert und der Krieger immer noch nicht gestorben.

Irgendwann räumte meine Großmutter die Wohnung um, und nun hing ein anderes Bild über meinem Bett, das eines freundlichen Hundes. Es war ein Spitz, er hatte den Kopf ein wenig schief gelegt, ein Schnupftuch um Kinn und Ohren gebunden, so daß man nicht wußte, ob er Zahn- oder Ohrenschmerzen hatte. Darunter stand nur: »Sick!«, aber er schaute so munter aus seinem Schnupftuchumschlag heraus, daß ich wußte: Bald ist er nicht mehr sick, bald bin ich auch gesund, und nichts bedroht mein Leben so wie beim sterbenden Krieger.

Später, in den Lyzeumsjahren, schlief ich unter einer Kopie der Büßenden Magdalena von Guido Reni. Das Zimmer war klein, etwas düster, und das sehr gut gearbeitete Gemälde nahm eine ganze Längsseite ein. Magdalena, eine junge blonde Frau mit offenen, sehr langen Haaren und nur leicht umschleiertem Busen, damit man wußte, wofür sie Buße tat, lag, so lang das Zimmer war, hüftabwärts in ein blaues Gewand gewickelt auf dem irdenen Boden einer Höhle und las in einem Buch, das sie auf einen Totenschädel gestützt hatte. Wenn ich über den Schularbeiten an meinem Schreibtisch saß, mich umschaute, das Licht im Rücken, so war ich bei Maria Magdalena in ihrer Höhle, in der Düsternis des Todes, sah ihre unglaublich lebendigen nackten rosa Zehen und hinter ihr die kleine, enge, runde Öffnung der Felsenhöhle, in der im hellen Licht eine idyllische Landschaft lag.

Wenn sich der Tag neigte, wenn in meiner kleinen Stube das Licht verblich, leuchteten nur noch die rosigen Zehen, der Totenschädel und das sonnige Loch. Und wenn ich krank war, lag ich in meinem Bett, das parallel zu Maria Magdalena an der Wand stand, fast neben ihr, längst nicht so lang wie sie, ihr demütig gebeugter Kopf über meinem Kopfkissen, der Totenschädel neben mir. Sie las, und auch ich las, wenn das Fieber gesunken war.

In dem Augenblick, in dem sie der Maler für ewig festhielt, wußte sie noch nicht, daß ihre tränenreiche Reue Sinn hatte, aber ich wußte es. Ich kannte die Legende der schönen Jungfrau aus königlichem Geschlecht, die sich, wie es hieß, ganz der Wollust hingab und, weil Wollust eine Gesellin des Reichtums ist, auch dem Müßiggang: Maria Magdalena, die Sünderin. Dann die Begegnung mit Jesus, dem sie die Füße salbte und mit ihren langen Haare abtrocknete. Verfolgung, Flucht, Einsiedelei, dreißig oder siebenundvierzig Jahre in einer Höhle in der Wüste: Maria Magdalena, die Büßerin.

Was hatte sie zu essen? Ein Brot, sagt die Legende, das so hart war, daß es dreißig (oder siebenundvierzig) Jahre reichte. Unsere Brotration, am Anfang der Woche auf Brotmarken gekauft, wurde bis zum Sonntag ebenfalls hart, war aber meist schon vorher aufgegessen. Ich wußte noch nicht, wie lange man wirklich ohne Brot auskommen kann, ohne zu verhungern. Und ich wußte auch nicht, was der Hungertod bedeutet und daß die wirklich Verhungerten anders aussehen als meine saubere und rosige büßende Magdalena.

Das ist der Trost der Bilder: Vielleicht wird's ja gar nicht so schlimm. Vielleicht heilt die tödliche Wunde des Kriegers, ganz bestimmt vergeht dem Hund mit dem Schnupftuch sein Schmerz und sein Leid. Tröste dich also, o Seele, und wie es doch schlimmer kommen könnte, will ich gar nicht wissen.

Dazu paßt die Szene, mit der die Legende von der Büßerin endet nach all den Jahren in der Höhle: Engel, die sie schon einmal sanft etwas in die Höhe lüpften, und ein Bischof, der ihr daraufhin und zur Vergebung ihrer lang, lang vergangenen Sünden das Abendmahl reichte, gleich danach ein leichter Tod auf den Stufen des Altars, und dann ein süßer Duft, so stark und paradiesisch, daß er noch nach sieben Tagen die Kirche erfüllte und jeden entzückte, der sie betrat.

Wer kann da noch Angst vor dem Tode haben?

Einer Toten

Ach, daß du lebtest!
Tausend schwarze Krähen,
die mich umflatterten auf allen Wegen,
entflohen, wenn sich deine Tauben zeigten,
die weißen Tauben deiner Fröhlichkeit.
Daß du noch lebtest!
Schwer und kalt bedrängt
die Erde deinen Sarg und hält dich fest.
Ich geh nicht hin, ich finde dich nicht mehr.
Und Wiedersehen?
Was soll ein Wiedersehen?
Wenn wir zusammen Hosianna singen
und ich dein Lachen nicht mehr hören kann?
Dein Lachen, deine Sprache, deinen Trost …

DETLEV v. LILIENCRON

Spiegel

Der Schlaf, der erquickende Schlaf. Der Schlaf und die Träume. Der Schlaf als Bruder des Todes.

Du schließt die Augen und weißt nicht, wie du wieder aufwachen wirst. Je älter man wird, desto eher neigt man dazu, schon vor Morgengrauen aufzuwachen. Je älter wir werden, desto mehr Menschen fürchten sich einzuschlafen. »Ich bin dem Tod so nah – der Tod ist dem Schlaf so nahe.«

»Wenn du dich mit jemandem gestritten hast, so sprich vor der Nacht wieder mit ihm. Du könntest im Schlafe sterben, und dann bleibt ihr unversöhnt zurück.« Das war ein Satz meiner Großmutter, und wenn ich als Kind bockig oder böse gewesen war, kam sie immer noch einmal an mein Bett, wo ich zwischen Tag und Traum lag, umarmte mich, gab mir einen Kuß und sagte: »Nun ist alles wieder gut, und du kannst schlafen.«

Und es war wirklich gut. Was am Tage geschehen war, blieb mit ihm vergangen. Keine Umkehr, keine Reue wurde gefordert, weil die alte Frau wohl wußte, was von der Reue zu halten war, die Erwachsene von Kindern verlangen. Und wie kurz ein Kinder-Gedächtnis ist. Wie wenig ein Kind sich um das schert, was Erwachsene so wichtig nehmen.

Ich hab dich lieb und du kannst einschlafen. Behütet und sicher vor dir selbst.

Eines Tages zog die Großmutter aus der Schublade, in der die ihr teuersten Besitztümer ruhten, einen silbernen Handspiegel heraus und blickte noch einmal hinein. Dann gab sie ihn mir und sagte: »Das ist das Letzte, was deine Mutter vor ihrem Tode in der Hand gehabt hat. Er gehört jetzt dir. Schau jeden Abend vorm Schlafengehen hinein und sorg dafür, daß du nicht vor dir selbst die Augen niederschlagen mußt.«

Jeden Abend vorm Schlafengehen. Man kann den anderen auch fragen: Hast du zur Nacht gebetet, Desdemona? Oder man kann nach der Leine greifen, den Hund pfeifen und im Sternenlicht noch einen Weg um den Block machen. Oder man schreibt ein Gedicht, vom Tage, vom heute gewesenen Tage. Einkehr zu sich selbst. Nur ein paar Minuten. Was habe ich getan, was habe ich unterlassen? Wen habe ich enttäuscht, gekränkt, beleidigt?

Was will ich, was sollte ich morgen besser machen? Wer war ich heute? Wer könnte ich morgen sein? Vielleicht ein Dank für den Tag, der noch nicht der letzte war.

Das kleine Jüngste Gericht vorm Schlaf, dem Bruder des Todes.

Mitten wyr ym leben sind
mit dem tod vmbfangen
Wen suchen wyr der hulffe thu
das wir gnad erlangen
Das bistu Herr alleyne
vns rewet vnser missethat
die dich Herr erzurnet hat
Heyliger Herre Gott
Heyliger starcker Gott
Heyliger barmhertziger Heyland
du ewiger Gott
Las vns nicht versincken
ynn des bittern todes not.
Kyrieleyson.

MARTIN LUTHER

Fackeln

Der Weg von der Stadt hinauf zum Wald war nicht weit, vielleicht eine halbe Stunde.

Aber jetzt war es Nacht, und der Marsch begann bei der von der Hitlerjugend beschlagnahmten Villa, die zum Heim umfunktioniert worden war, und wir marschierten in Dreierreihen, links, zwo drei vier, links, zwo drei vier ...

Nein, kein Lied. Schweigemarsch. Die erste Straße war gepflastert, da knallten die Halbschuhe auf die Kopfsteine, daß man hörte, wer im Gleichschritt war und wer nicht. Dann links einbiegen, auf Asphalt. Der schluckte den Knall, schluckte den einzelnen Schritt und machte den Laut dumpf und allgemein. Nicht ich marschierte, wir marschierten. Wir marschierten an unserem Haus vorbei, aber ich schaute nicht nach links, ob jemand am Fenster stünde und unseren dumpfen, stummen Marsch beobachtete. Ich schaute geradeaus, und dann machte die Straße eine Haarnadelkurve und dann noch eine, links, zwo drei vier, und dann marschierten wir an der letzten Straßenlaterne vorbei, und dann waren wir im Wald auf der Chaussee, die an seinem Saume oberhalb der Stadt nach Norden führte.

Die Führerinnen ließen uns an sich vorbeimarschieren, und am Ende der Kolonne zischten sie: Links, zwo drei vier, und holten wieder auf und gaben dabei unablässig den Takt an, und wir marschierten im Gleichschritt, nun nicht mehr auf Asphalt, sondern auf dem Sand der Landstraße, und dann sahen wir flackernde Flammen und bogen nach links ab. Links, zwo drei vier. Ein schmaler, steiler Waldweg, trotzdem Gleichschritt, und endlich der steinerne Platz, das Denkmal im Walde, dem eisernen Kanzler geweiht, ein steinerner Würfelbau, eine steinerne Umfassung mit steinernen Pfeilern, auf denen eiserne Schalen saßen, und überall, in den Eisenschalen und oben, auf dem grauen Bau, loderten Feuer, und Hitlerjungen mit eisernen Gesichtern standen zwischen den Sockeln und hielten Wimpel und Fahnen und Fackeln. Eine Mädelschar, ein Jungvolkfähnlein nach dem anderen kam schweigend anmarschiert, links, zwo drei vier, und reihte sich ein, und die Fackellohe war so hell, daß der Himmel ganz schwarz wurde. Und dann eine helle Stimme, die uns vorsprach: »Ich schwöre ...«, und unsere Stimmen, dumpf und drohend: »Ich schwöre ...«. Wir schworen Treue zu Volk und Vaterland und dem, der schon deren Vernichtung geplant hatte, so wie jeder Jahrgang der Jungen und Mädchen schwören mußte, um ein Jungmädel zu sein und ins Jungvolk aufgenommen zu werden.

Wir waren zehn Jahre alt, und die Jungen schlugen auf ihre Landsknecht-Trommeln, und es grollte durch den Wald und die Feuerlohe, wie zwei Jahre später die Kanonen der Front durch Wald und Feuer grollen würden, und wir sangen das Fahnenlied von Rudolph Alexander Schröder: »Heilig Vaterland in Gefahren / deine Söhne sich um dich scharen ...« Und danach: »Deutschland, sieh uns, wir weihen dir den Tod als kleinste Tat, grüßt er einst unsre Reihen, werden wir die große Saat.«

Unsere Stimmen, Mädchenstimmen und Jungenstimmen, rauschten zum Nachthimmel, keine Müdigkeit mehr, kein Mißton. Trommelwirbel und helle Stimmen und ein Schauer, der uns alle durchrann. Wir, treu bis in den Tod, den wir nun, Jungmädel, immer wieder zu beschwören lernten. Kein Dienst an jedem Mittwoch- und Samstagnachmittag im Heim, kein Ausmarsch, kein Weihefest ohne die Lieder, in denen der Tod als höchstes und schönstes Opfer gefeiert wird.

Der Tod – ein Wort im Lied, ein Wir-Wort. Nicht mein Tod, sondern unser Tod. Nicht der Tod im Bett, im Spital, sondern der Tod fürs Vaterland, der Opfer-Tod, »Einer für alle!«, und dann bist du ein Held.

»Eh der Fremde dir deine Krone raubt,
Deutschland, fallen wir Haupt bei Haupt.«

Berauschend wie tödlicher Fusel. Das sang sich von selber, das sangen wir, wenn wir angetreten waren und abgezählt hatten, bevor wir uns zur Schulung setzten, wenn wir für Kinder gefallener Soldaten – falsch: für Kinder, deren Väter den Heldentod erlitten hatten –, wenn wir für diese Kinder Spielzeug bastelten, wenn wir zum Lazarett marschierten, um den noch nicht gefallenen, aber verwundeten Helden Grimmsche Märchen im Laienspiel vorzuführen, das sangen wir den Verwundeten vor, das sangen wir, bis die Jungen selber fielen, Haupt bei Haupt.

So fielen sie, aber nicht mit sinnverwirrendem Trommel- und Flötenklang, sondern in Blut und Dreck. So wie es Dieter Meichsner beschrieben hat, gleich nach dem, was man damals den Zusammenbruch nannte und was nicht nur der Zusammenbruch eines Systems war, der Zusammenbruch von Häusern, Brücken, Kirchen, Schulen und Fabriken. Es war der Zusammenbruch der Illusionen, der Lügen, der Tod des Heldentodes.

»Versuchts noch mal mit uns«, nannte der neunzehnjährige Meichsner seinen Bericht, der 1948 bei Rowohlt erschien und von den Siebzehnjährigen erzählt, die Treue bis zum Tod geschworen und mit einer Knarre in der Hand Berlin gegen die große russische Armee zu verteidigen hatten. Kinder, die man seit 1933, seitdem wir in die Schule gekommen waren, an Tod und Sterben gewöhnt hatte. Jungen, die so oft gehört hatten, daß Ehre höher als der Tod sei, ohne daß jemand das Wort Ehre und Gewissen erklärt hatte, oder wenn, dann war das mahnende Wort untergegangen im Gebrüll der Kameraden, der Krieger, die es besser wußten und die bis zuletzt das Sagen hatten, in Lagern, in Arbeitsbaracken, an der Front, ohne Post, ohne Radio, ohne Zeitung, nur Befehle und Durchhaltesprüche, nur wir und der Krieg. Jungen also, die ebenso programmierte Todesmaschinen waren wie nur wenig später die schwarz vermummten Mörderkinder, die Kriegersoldaten überall auf der Welt. »Du bist nichts, dein Volk ist alles ... Nur der Fahne gehört unser Leben, denn die Fahne ist mehr als der Tod.«

Welche Fahne? Welches Volk? Mit welchem Recht? Eine Szene aus Meichsners Roman: »Damit hatte es angefangen. Ein Bannführer hatte gesagt, jedes Mittel sei recht ... Das hatte er zu Jungen gesagt, die vielleicht schon halbverkohlte Leichen unter Trümmern hervorgezogen hatten, die erlebten, wie alle Ordnung um sie sich aufzulösen begann, sie erwarteten nichts Gutes mehr für sich, diese Jungen. Und sie glaubten, wenn ihr Leben seinen Wert verloren hatte, was hatte dann seinen Wert nicht verloren, da der Krieg seinem grausamen Ende entgegentrieb? Sie glaubten, alles für Deutschland zu tun, für ihre Mutter und ihre Schwestern. Sie hatten so Furchtbares erlebt, daß sie nicht mehr unterscheiden konnten zwischen Gut und Böse. Wer hatte denn noch Gewalt über sie? Der Vater war längst eingezogen worden, und als kleine Burschen wurden sie schon in Lager gesteckt, ganz auf sich gestellt, allen Einflüssen ausgesetzt, und nun, den furchtbarsten Zusammenbruch vor sich, hatte ein Bannführer zu ihnen gesagt: ›Jedes Mittel ist recht.‹

Da war einer, siebzehn Jahre alt, der erschoß einen Tankstellenwart, als er beim Klauen erwischt wurde. Er wußte wohl nicht einmal, daß er klaute. Er dachte, es sei alles in Ordnung. Er schoß eben, denn man hatte ihm gesagt, jedes Mittel sei recht.«

Lied

Da streiten sich die Leut' herum
Oft um den Wert des Glücks,
Der eine heißt den andern dumm,
Am End' weiß keiner nix.
Das ist der allerärmste Mann,
Der andere viel zu reich,
Das Schicksal setzt den Hobel an
Und hobelt s' beide gleich.
(…)
Zeigt sich der Tod einst mit Verlaub
Und zupft mich: Brüderl kumm,
Dann stell' ich mich im Anfang taub,
Und schau' mich gar nicht um.
Doch sagt er: Lieber Valentin,
Mach' keine Umständ', geh'!
Da leg' ich meinen Hobel hin,
Und sag' der Welt Adje!

FERDINAND RAIMUND

Fegefeuer

Und das Fegefeuer? In meinem zweiten Schuljahr heiratete mein Vater, der bei der Ufa in Berlin arbeitete, ein zweites Mal und ließ mich zu sich bringen, »um eine vollständige Familie zu haben«.

Ich lernte dort die deutsche Schrift, bekam von Carl Ludwig Diehl den ersten Blumenstrauß meines Lebens, Zarah Leander backte eine Erdbeertorte für mich, ich durfte in Babelsberg zuschauen, wie für einen Naturfilm ein Froschei mit einem Haar zu einem Zwilling geschnürt wurde, aber auf dem Weg zur Schule verirrte ich mich zuerst und dann erst recht auf dem sehr viel weiteren Weg zur Kirche. Ich spielte mit den jüdischen Kindern, die in meiner Straße wohnten, und wir wurden von älteren Jungen in Uniform mit Kleiderbügeln verprügelt, wenn sie uns erwischten, und ich war ziemlich gut in dem Spiel: Wer bleibt am dichtesten neben einem vorbeifahrenden Auto stehen?, bis mein Vater in einem dieser Wagen saß. Es gab zwar noch nicht sehr viele, und sie fuhren ziemlich langsam, doch dieses alles führte dazu, daß ich als nicht großstadttauglich zu den Großeltern zurückgeschickt wurde – aber nicht in meine alte Klasse, sondern in die katholische Volksschule.

In meiner Erinnerung kommt es mir so vor, als ob es gleich in der ersten Stunde, in Religion, um das Fegefeuer gegangen wäre, aber es kann auch in der ersten Woche oder nach dem ersten Monat gewesen sein. Auf jeden Fall erklärte die Lehrerin, jeder, der stürbe, käme zuerst einmal ins Fegefeuer, wo er in gehörig heißen Flammen seine Sünden abbüßen müßte, um sich geläutert auf den Weg zu Petrus, zum Himmelstor zu machen.

»Jeder?« fragte ich.

»Jeder«, antwortete die Lehrerin.

»Aber nicht meine Mutter!« widersprach ich, »meine Mutter ist im Himmel.«

»Jeder, der stirbt, kommt ins Fegefeuer«, wiederholte die Lehrerin, und obgleich einem bei ihr die Sache eher wie ein Bad am Samstagabend als wie Heulen und Zähneklappern vorkommen konnte, brach ich in Zähneklappern und Tränen aus, packte meinen Ranzen, schrie noch einmal: »Meine Mutter aber nicht!«, rannte schluchzend quer durch die Stadt nach Hause und stieß mit letzter Kraft hervor: »Da geh ich nie wieder hin. Die sagen, Mami brennt im Fegefeuer!«

»Ach«, sagte meine Großmutter in aller Seelenruhe, »hör mit dem Heulen auf, das Fegefeuer gibt es gar nicht. Das haben sich nur die Katholiken ausgedacht.«

Damit war nicht nur das Thema Fegefeuer erledigt. Ich kam zurück in meine alte Klasse, zu meinen alten Freundinnen, und ich habe nie einen Angsttraum gehabt, in dem ich das kleine, lockenköpfige Mamikind mit brennenden Seidenschleifen im Feuer schmoren gesehen hätte. Später, sehr viel später dachte ich mir, wie wohl jedermann, daß das Fegefeuer eine sehr irdische Angelegenheit sei. Und noch viel später las ich die Stellen im Neuen Testament, auf die sich die strengen Kirchenväter, vor allem der Heilige Augustin, in ihrem Entwurf des Fegefeuers bezogen und aus diesen wenigen, vieldeutigen Worten ein fast bürokratisches System von Schuld und Sühne, Ablaß und Gebeten ausgeklügelt haben, nach dem man sich nach Art der Rentenberechnung seinen Fegefeuer-Anteil abschätzen und eventuell durch gute Werke zu eigenen Gunsten ausgleichen konnte.

Auf der Parte meiner österreichischen Großeltern steht: »Mein Jesus, Barmherzigkeit! (300 Tage Ablaß).« Ich bete für sie. Ich denke an sie. Ich habe niemals gezählt, wie oft.

Das Krokodil und die Gerechtigkeit

Gibt es ein Leben nach dem Tode? Wir zögern, wenn wir danach gefragt werden sollten. Aber wer damals lebte, als man das Dasein nur nach dem bemessen konnte, was man sah, dem gab wohl die Vorstellung Trost, im nächsten Leben entweder den Reichtum weiter genießen oder endlich ein Leben in Frieden führen zu können.

Die frühesten überlieferten Schriften und Bilder zeigen, daß die Menschen dieses zweite Leben so und immer genauer beschrieben haben, bis zu den feinsten Regeln und Gesetzen, als wären sie dort gewesen. Zuerst einmal wurde die Götterwelt entworfen. In Ägypten, in Griechenland und in Germanien entwarf man weitverzweigte Familien mit allem Haß, Neid, aber natürlich auch Liebe und Tapferkeit, wie es sie im hiesigen Menschenleben gibt. Da verschlingen Väter die Kinder, rauben die einen dem anderen die Frau und die Macht, da wird verbannt, verflucht und gehurt, daß es eine Art hat.

Dann wird das Reich dessen entworfen, der mächtiger ist als diese Götterschar: der Tod. Und in diesem Reich wird einhellig nach solchen Maßstäben gerichtet, wie sie strenger nicht im christlichen hohen Mittelalter gewesen sind. Das scheint eins unserer tiefsten Bedürfnisse zu sein: Gerechtigkeit. Belohnung für die Schufterei eines ganzen Lebens, Ausgleich für geduldig ertragene Knechtschaft und Marter, ewige Strafe für die Tyrannen und Bösewichte. Endlich göttliche Anerkennung und dann für immer und ewig. Vielleicht hat erst diese qualvolle Sehnsucht viele der

Bilder von einem besseren Leben nach dem Leben entstehen lassen.

Bei den Ägyptern mußten die Seelen eine Weile warten. Mumienzeit war Zwischenzeit. Irgendwann begann das Totengericht. Wer am Nil lebte, konnte sich nichts anderes vorstellen als eine Barke, die gemächlich ans andere Ufer gerudert wurde. Ans andere Ufer – ein Bild, das bis heute geblieben ist. Ebenso wie das, was nun folgte und noch von Schiller in seinem Lied vom Krieg und Kampf zitiert wird: »... da wird ihm das Herz noch gewogen ...«

Denn in der Zwischenzeit der Mumien lebten die Reichen noch weiter im Reichtum und die Armen in der Armut. Nun aber, am anderen Ufer, öffnet sich allen die Halle der Wahrheit. Da ist Osiris, der Gericht hält, da sind die Dämonen, die Ankläger, die dem Toten unerbittlich Fragen stellen, da schließlich der Tote selbst, der sich mit Negieren verteidigt: Nein, ich habe Gott nicht geleugnet. Nein, ich habe die Armen nicht darben lassen. Nein, ich habe nicht betrogen mit Maß und Gewicht. Nein, ich habe keinem etwas Böses nachgesagt. Und da ist Anubis, der hundeköpfige Sohn von Isis und Osiris, der das Herz auf eine Waagschale legt und die Straußenfeder der Maat, der Göttin der himmlischen Gerechtigkeit, auf die andere Waagschale. Steigt die Schale mit dem Herzen, so wartet das ewige Leben im Kreise der Götter. Sinkt sie, so wartet ein Krokodil darauf, die sündige Seele zu verschlingen.

Das war Tausende von Jahren vor dem Tag, an dem eine Pharaonentochter einen Säugling im Binsenkorb im Schilfe fand, dem sein Gott später Gesetzestafeln mit zehn Geboten geben würde. Auch tausende von Jahren vor der Geburt eines anderen Kindes, dessen Lehren uns das ewige Leben verheißen.

Vom Krokodil ist auf dieser himmlischen Ebene nicht mehr die Rede. Es ist aber nicht verloren und verschwunden. In jedem Kasperltheater sperrt es seinen rot gemalten Rachen auf und klappert mit den hölzernen Kiefern, damit die Kinder wissen, was auf den Kasper und auf sie alle wartet, wenn sie nicht brav sind.

Und was ist mit der Schuld? Dafür entwarfen sich die Griechen Rachegöttinnen. Sie tobten schon über die Erde, ehe die Götter den Olymp und die irdischen Gefilde bevölkerten. Sie sind Erscheinungen wie aus ärgsten Angstträumen: schwarze Frauen mit Schlangenhaaren, grauem Kittel, Schlangen auch als Gürtel, Fackeln und Geißeln in den Händen. So jagen sie die Toten der Unterwelt ans Tageslicht, so hetzen sie mit blutunterlaufenen Augen hinter den Frevlern her, erfüllen den dämonischen Fluch des Hades, indem sie, die strengen, unerbittlichen Erdgöttinnen, diejenigen peinigen, die die Ordnung des Lebens und des Todes verletzt haben.

Und durch die Schandtaten derer, die von den Erinnyen gescheucht wurden, entstand der Sündenkatalog der damaligen Zeit: Treulosigkeit gegen Götter und Menschen, Hartherzigkeit gegen Bettler und Gastfreunde, keine Ehrfurcht vor den alten Eltern und den Gesetzen des Blutes. Wer gegen diese Regeln verstieß, verfiel ihrer Wut. Sie ließen nicht nach. Sie quälten mit Reue. Sie waren so gefürchtet, daß man sie nicht mit ihrem wahren Namen nannte, sondern Eumeniden zu ihnen sagte, das heißt: die Wohlwollenden. Da klingt die Hoffnung an, daß sie sich bereden lassen könnten.

Die Raserei der Rachegöttinnen diente aber auch den Lebenden, indem sie eine erste, ganz einfache sittliche Ordnung mitten im wilden Aufruhr des Weltanfangs entstehen ließ. Denn das Leben mußte sich lohnen. Die Mühe des Gut-Seins erst recht.

Nur der Schuldlose konnte das Elysium erreichen. Die Erinnyen machten also klar, was gut und was böse ist und daß der Mensch die Wahl hat – außer im Tode.

Denn mächtiger als die Götter, mächtiger als die Rachegöttinnen waren die Schicksalsgötter, die Moiren. Moira, das heißt Zuteilung, und die Moiren teilen dem Menschen sein Geschick zu. Sie bestimmen die Stunde des Todes. Sie sind so fühllos wie die Natur. Tod folgt auf Leben, das ist die einzige Notwendigkeit, die für alle Geschöpfe gilt, und die drei Moiren spinnen die Lebensfäden so rastlos wie die Nornen der germanischen Sagen, und kein Gott, meinte man, kann den Schicksalsweibern etwas befehlen.

Das ist das eindrucksvollste Bild des Todes in seiner gewaltigen, kalten, erbarmungslosen Macht. Und von der Todesangst, der Schuld entsprungen und durch nichts zu stillen.

Leben eines Mannes

Gestern fuhr ich Fische fangen,
Heut bin ich zum Wein gegangen,
– Morgen bin ich tot –
Grüne, goldgeschuppte Fische,
Rote Pfützen auf dem Tische,
Rings um weißes Brot.

Gestern ist es Mai gewesen,
Heute wolln wir Verse lesen,
Morgen wolln wir Schweine stechen,
Würste machen, Äpfel brechen,
Pfundweis alle Bettler stopfen
Und auf pralle Bäuche klopfen,
– Morgen bin ich tot –

Rosen setzen, Ulmen pflanzen,
Schlittenfahren, fastnachtstanzen,
Netze flicken, Lauten rühren,
Häuser bauen, Kriege führen,
Frauen nehmen, Kinder zeugen,
Übermorgen Kniee beugen,
Übermorgen Knechte löhnen,
Übermorgen Gott versöhnen –
Morgen bin ich tot.

WERNER BERGENGRUEN

Clematis

Ich sehe den Mond, der des Morgens seltsam flach, blaßgold vor blaßlila Himmel, über den Dächern steht. Wie oft habe ich ihn gesehen, den Herbstmond der Kinderjahre.

»Sieh mal«, sagte mein Großvater, »die ersten gelben Blätter an den Ahornbäumen.«

»Ich hasse den Herbst!« antwortete meine Großmutter.

»Warum denn?« fragte er.

»Weil ich dann immer denken muß: schon wieder ein Jahr weniger.«

Damals liebte ich den Herbst. Das war Laubburgen-Bauen, das war die Zeit vor den langen, kratzenden Winterwollstrümpfen. Das war ein Ritt mit dem Großvater durch Wälder in Rot und Gold. Der Großvater war nie krank. Aber einmal, Jahre später, kam ich zu Besuch, und er sagte: »Sieh dir mal dies an!« und streifte sein Hosenbein hoch und zeigte mir sein geschwollenes Bein, eine weiße, glatte Säule. »Und wenn ich drücke, bleibt ein Loch!«

Das war sein Tod. Ich weiß nicht, ob er es wußte. Ich wußte es nicht, aber ich war erschrocken, denn noch nie hatte er mir sein nacktes Bein gezeigt. Ich glaube, er war verwundert, aber nicht beunruhigt. Er starb rasch, innerhalb von ein paar Tagen, ohne Aufhebens, ein alter Soldat, der abberufen wird. Wir hatten nie über den Tod gesprochen. Über bestimmte Themen redete man nicht, erst recht nicht mit Kindern, überhaupt nicht bei Tisch. Die Welt der Erwachsenen war etwas, das uns nichts anging. Manchmal schleuderte jemand Blitze. Dann versuchten wir unsichtbar zu sein, lösten uns auf, traten erst wieder in der großen Kellerküche im Nachbarhaus in Erscheinung, wo die Köchin durchs große Fenster zum Garten alles im Blick hatte und an den Geräuschen im Haus sich ausrechnete, was wirklich geschah.

Sie wußte längst nicht alles, in manchem waren wir erfahrener als sie, aber sie wußte über das Bescheid, worüber mit uns nur geschwiegen wurde: Geburt, Geschlecht, Gewalt, Liebe und Liebesleid jeglicher Art, Krankheiten und Tod.

Der Großvater der Nachbarskinder war stocktaub, aber so gelenkig wie wir. Er hatte ein Hörrohr und kletterte im Frühsommer, so wie jeden Frühsommer seines Lebens, in den Kirschbaum. Er legte sein Hörrohr gewöhnlich unterm Baum ins Gras, und wenn sich unten die Erwachsenen versammelten, die gerade im Haus waren, und zu ihm heraufschrien: »Vater, Onkel, Großvater! Komm runter! Komm um des Himmelswillen runter!«, nickte er ihnen freundlich zu und sagte: »Ich pflücke die Kirschen! In diesem Jahr sollen die Amseln nicht wieder die besten erwischen!« Ehe uns jemand ausschimpfen und fragen konnte, warum wir denn nicht auf den Großvater aufgepaßt hätten, saßen wir schon wieder in der Küche.

»Der stürzt sich nicht zu Tode«, sagte die Köchin, »ich wünschte, ich wär noch so flink.«

»Muß Großvater denn sterben?« fragte eins der Kinder.

»Jeder muß sterben«, antwortete die Köchin, »aber der da, der ist schon lange reisefertig.«

Reisefertig. Er wohnte ganz oben in dem großen roten Familienhaus. Manchmal mußten wir ihm etwas bringen und sahen die blankgebohnerten Dielen, die wenigen Möbel, das Licht, das ungehindert durch Gardinen, Portieren und Vorhänge ins Fenster fiel, das dicke, große Buch, das aufgeschlagen auf seinem Tisch lag. Manchmal winkte er uns zu sich und blätterte von einem Bild zum anderen und erzählte uns mit der brüchigen Stimme der Tauben, die sich nicht mehr kontrollieren können, vom Turmbau zu Babel, vom brennenden Dornbusch, von Maria, die durch den Dornwald ging, von dem, was Johannes am Ende der Welt sah.

Wir konnten ihn nichts fragen, weil das Hörrohr nicht zu sehen war, und wir schwiegen, weil wir gelernt hatten, daß es unhöflich ist, miteinander zu flüstern oder zu reden, wenn der andere nichts verstehen kann.

Aber ich begriff ohne ein Wort, was reisefertig bedeutete.

Als er wirklich starb – ich glaube, so rasch und ohne Aufwand wie mein eigener Großvater –, ging meine Großmutter mit mir zum Nachbarhaus. Ich ging nicht mit hinein. Ich blieb im Garten. Der Hauserker war von Clematis überrankt, und eine große blaue Blüte nickte und nickte im Wind.

Jedesmal, wenn ich Clematisblüten im Winde tanzen sehe, denke ich an den Nachbargroßvater und daran, daß man reisefertig sein muß, jeden Tag.

Kondukt oder das Feierliche Geleit

Als mein Vater in Grinzing beerdigt wurde, sagten die Friedhofswärter, als der Trauerzug an ihnen vorüberging: »Des is a grauße Leich, der Bundespräsident ist auch gekommen.«

Es war eine große Leiche, weil mein Vater ein bemerkenswerter Mann gewesen war und ihn außer der Familie viele Freunde und Verehrer auf seinem letzten Weg begleiten wollten. Ihm wäre der Pomp gleichgültig gewesen, und auf den Gedanken, aus seinem letzten Auftritt in der Öffentlichkeit eine Inszenierung zu machen, wäre er nie gekommen.

Wenn man freilich ein Monarch ist oder Präsident eines Bundesstaates oder Fußballclubs, ist der Leichen-Kondukt eine postmortale Amtspflicht, die letzte Repräsentation, die man über sich ergehen lassen muß. Und in einer Standesgesellschaft, in deren Rangpyramide jeder seinen angestammten Platz einnahm, besaßen die Symbole, Gesten und Trachten dieses Ranges ihren unerschütterlichen und überpersönlichen Wert und wurden zu Ehren des Trägers ein letztes Mal zelebriert und genossen. Es gibt die Anekdote von einem Erzherzog, der sich auf dem Totenbett bitterlich darüber beklagte, daß um ihn herum nicht die vorgeschriebene Anzahl von Kerzen brannte.

Er hatte sicher keine Angst vor Dämonen, die nach altem Geisterglauben vom Licht verscheucht werden. Ihn kränkte die Herabsetzung, die letzte Mißachtung seines hohen Ranges, die nicht ihm als Person galt, sondern dem Statthalter der Macht, in diesem Fall des Erzhauses, in dem als letzte Erinnerung an die Zeit der spanischen Habsburger immer noch das spanische Hofzeremoniell in aller Pracht und Theatralik befolgt wurde. So notierte auch Maria Theresia, die große Kaiserin, aufs Tüttelchen genau, wie es ihr Hofstaat mit der Trauerkleidung halten solle. In der Hofklageordnung wurde festgelegt, »daß die Cavaliers die ersten sieben Wochen in schwarzem umgekehrten und geperlt aufgeriebenem Tuch mit wenigen Knöpfen an der Taille und gar keinen auf den Aufschlägen, mit Pleureusen, mit Manschetten von Battist mit einem breiten Saum, sodann mit wollenen Strümpfen, cordnanen Schuhen (aus Cordsamt), schwarz überzochenen Degen und angeloffenen Schnallen und mit dem Flor auf dem Hut ...« sich kleiden sollten. Auch die Damen mußten sieben Wochen lang in schwarzem Wollzeug erscheinen, »mit Kopf- und Garnituren-Aufputz, dann Stirnzüngel von schwarzer Gaze d'italie, mit schwarzem Geschmuck, Handschuhen und so weiter«.

Solche und ähnliche Entwürfe entsprachen dem barocken Gefühl, in dem sich Lebenswonne und Todesangst ergänzen, und sie wurden das Muster für alle anderen, die wie die Fürsten zu prunken beliebten. Patrizier in Reichsstädten, reiche Bauern in guten Zeiten, Landgrafen und Erzbischöfe, Kaufleute und Handwerksgilden, sie alle benutzten den Tod eines der Ihren, um dem Dorf und der Welt zu zeigen, wer sie waren, was ihnen zustand, was sie sich leisten konnten – so und so viele Rösser vorm Leichenwagen, schwarze Schabracken aus Samt oder Wolle auf den Rappenrücken, oder das ganze Pferd schwarz vermummt, »verkappt« wie die Vertreter der einzelnen Innungen, Bruderschaften, Ordensherren oder ähnlichem. Leichenwagen und Pferdegeschirr mit Silber und schwarzen Straußenfederpuscheln dekoriert, von Fackel- oder Kerzenträgern umgeben, und wenn es ein hoher Herr war, führte der Reitknecht das Leibroß des Toten gleich hinter dem Sarg, folgten Familie, Abordnungen, alles sorgfältig dem Stande nach aufgereiht, und am Ende schuffelten manchmal die Alten aus dem Armenhaus, die sich einen Happen vom Leichenschmaus erhofften. Der Schimmel, der Astrid Lindgrens Sarg durch Stockholm bis zur Kirche folgte, war einer der letzten Vertreter seiner Art.

Das war der Pompe funèbre, der Bestattungspomp, für den sich die Leute ruinierten und dem Maria Theresias Ältester und Mitregent, Joseph II., ein Ende bereiten ließ. Er war, wie man das nannte, ein aufgeklärter Fürst. Zum Kummer seiner Mutter war er kein so frommer Christ, daß ihn die mutmaßlichen Gebete all der Mitmarschierer im Trauerkondukt zur Duldsamkeit verführten. Er dachte rational, ließ den Pomp verbieten und eine Einheitsbestattung befehlen: keine Leiche mehr tagelang aufgebahrt, jede Leiche vor Nacht aus der Stadt, alle ohne Aufwand und auf einem Karren und in schneller Fahrt zum neuangelegten Zentralfriedhof. Joseph II. schwebten Gemeinschaftsgräber vor, in denen alle Toten eines Tages ihre Ruhe finden sollten, sicher auch wieder Bestattungen ohne Särge, auf jeden Fall ohne Geldverschwendung und alles rasch und ohne Emotionen, fort mit der irdischen Hülle aus der dicht bevölkerten Stadt und ihrem ohnehin gefährdeten Brunnenwasser.

Fort damit auch die Gebete. Denn der große Trauerkondukt war ein einziges, vielstimmiges Gebet für den Verstorbenen, jede Fackel, jede Kerze ließ ihr Licht als inbrünstige Bitte in den Himmel steigen, er möge den armen Sünder gnädig empfangen. Sicher wurden viele Gebete nur heruntergeleiert, sicher warben die Bestattungsgesellschaften berufsmäßig für ihren Traueraufwand und die damit verbundene Arbeit und versuchten so viel Geld und ganze Erbschaften wie möglich mit dem Hinweis auf den Gebetsablaß zu erpressen.

Aber Gebet ist Gebet, und wenn in einem langen Kondukt viele nur murmeln und schon an das Leichenbier denken, so ist doch die Chance größer, daß zwei oder drei darunter sind, denen die Gebete für den Verstorbenen aus dem Herzen kommen.

Denn der letzte Weg hat seine eigenen Gesetze, will seine eigene Würde haben. Kriege, Bombenkriege, Seuchen, Naturkatastrophen gehen schon grausam genug mit uns um. Wenn Frieden herrscht, wollen wir auch in Frieden das Letzte für unsere Toten verrichten. Wir brauchen die Nähe derer, die noch leben, mit denen wir aufgewachsen sind oder ein Leben lang gearbeitet haben, Menschen, die den Toten so gekannt haben wie wir, die ihn liebten oder achteten wie wir und die nun um ihn weinen wie wir.

Wir brauchen die Ruhe, die Gelassenheit zum Abschied von dem, für den keine Zeit mehr gilt. Wir brauchen Symbole und Gesten und Worte, denen wir uns hingeben können, die wir erkennen als etwas Uraltes, das schon vor ewigen Zeiten den Schmerz zu lindern vermochte. Nicht verscharren wie einen Hund, nicht prahlen mit Pomp, sondern das letzte Lager in Kummer und Liebe bereiten.

Bruderschaften

Früher, als es noch keine Einwohnermeldeämter gab, weil jeder in der Gemeinde seinen Nachbarn kannte, als man wußte, wer mit dem Tode rang, und Stroh auf die Pflastersteine schüttete, damit das laute Wagenrasseln gedämpft wurde und der Hufschlag der Pferde, früher also schlossen im Falle eines Todes die Kaufleute ihre Läden, die Handwerker ihre Werkstatt, die Frauen schoben den Suppentopf ganz hinten an den Rand des Herdes, damit nichts anbrannte oder überkochte und zogen das schwarze oder bedeckte Kleid an. Und wenn sie aus dem Haus traten, marschierten schon die Schulkinder hinter ihrem Lehrer her zum Singen in die Kirche und auf den Friedhof. So gaben alle dem Nachbarn und Bruder in Christo das letzte Geleit.

Zu Grabe tragen: Das ist uns bis heute ein Begriff, ein Wort für eine Freundespflicht und eine Ehre. Es rührt mir immer ans Herz, wenn ich die Männer sehe, die den Sarg mit ihrem Toten auf die Schulter nehmen und mit vorsichtigem, schwankendem Schritt durch ein tiefes Schweigen aus der Kapelle gehen, manchmal bis zum offenen Grab. Der letzte Dienst, die letzte Gemeinsamkeit.

Früher trugen sie den Sarg aus dem Trauerhaus zuerst in die Kirche und nach der Totenmesse aus der Kirche zum Gottesacker. Sie hatten, auch wenn sie nicht die besten Freunde gewesen waren, bei dem Toten gewacht oder doch von ihm, der im Hause oder in der Kirche aufgebahrt war, Abschied genommen. Nun standen sie den Hinterbliebenen in ihrem Schmerz und Kummer bei, ließen sie nicht allein und folgten ihnen zum Leichenschmaus. Dort, am langen Tisch, mochte sich schon zeigen, wie sich nun die Positionen verschoben, wer an die leere Stelle rückte. Oder ob keiner da war, der etwas fortführen konnte, und wie sich diese Lage ordnen ließ.

Dabei regierten sicher nicht nur Herzlichkeit und Nächstenliebe, aber Kalkül und Eigensucht wurden durch die Öffentlichkeit der Szene vielleicht gebremst, vielleicht auch im Gewand der Beileidssprüche von den anderen so wahrgenommen, daß diese für Witwen und Waisen die Augen offen hielten – sicher auch nicht immer nur als unbeteiligte Wohltäter. Aber in so einem Fall ist es besser und wichtiger, daß sich der noch in Trauer Befangene nicht nur getröstet, sondern auch behütet fühlen kann. Man weiß ja, daß alles seinen Preis besitzt.

Das war wohl so von Anfang an. Im antiken Rom konnte man sich die Klageweiber mieten, und dort wurde aus der Bestattung im Lauf der Zeit ein öffentliches Geschäft. Im Neuen Testament werden die sieben Taten der christlichen Barmherzigkeit aufgezählt, insgesamt ein frühes Sozialprogramm, und eine Pflicht lautet: Kranke pflegen, die nächste: Tote bestatten. Auch das ging in die öffentlichen Aufgaben über. Es entstanden bürgerliche Bruderschaften, Laiengruppen auch bei Zünften und Gilden, die für einen Beitrag wie bei einer Sterbekasse die nötigen Dinge übernahmen und – in ein einheitliches Gewand gekleidet, das Gesicht in eine Kutte gehüllt oder von einer Kapuze verborgen – den Toten zu Grabe trugen.

Diese Bruder- oder Schwesternschaften übernahmen es auch, die angemessene Zeit für den Toten zu beten oder Messen lesen zu lassen. Der Hamburger Zeichner Christoph Suhr hat Anfang des 19. Jahrhundert Hamburger Trachten, Ausrufer und typische Sitten festgehalten, und eins seiner Bilder zeigt eine Bruderschaftsleiche, also den Sarg unter der schönen schwarzen Schabracke, getragen von einem Dutzend stattlicher Männer in schwarzem Talar mit großer weißer gestärkter Tellerkrause und weißen Lockenperücken, die schwarze Fächer und gelbe Zitronen in Händen tragen. Das läßt darauf schließen, daß die schlichten Fichtensärge in der ärmlichen napoleonischen Zeit nicht luft- und geruchsdicht schlossen. Außerdem sieht man auf anderen Stichen oder Holzschnitten, wie neben einem frisch ausgehobenen Grab Knochen und Schädel aus der Erde ragen und wie die Leichen, nur in Tücher gewickelt, von dem Totenbrett oder Totenschragen in die Kuhle rutschen gelassen wurden – kurz, städtische Friedhöfe hatten noch nichts von der hygienisch gesicherten Parkatmosphäre, die wir heute kennen. Man kann also verstehen, daß sich die Leidtragenden die Bestattungsarbeit abnehmen ließen und lieber Totenmessen, Gedenkgottesdienste und ähnliches in Kapelle, Kirche oder Dom besuchten. Sich mit Fächer und dem scharfen, aromatischen Öl der Zitrone gegen die Grabesgerüche zu wehren, überließen sie den Professionellen. Heute neigen die Hinterbliebenen zur anonymen Bestattung und zur Sparsamkeit. Keine Grabstelle, die man pachten muß wie einen Schrebergarten, keine Trauerpredigt über die Ewigkeit Gottes, an den man doch nicht glaubt, keine bestellte Grabpflege, die doch nur, wie so oft, nachlässig oder gar nicht ausgeübt wird, weil ohnehin keiner das Grab besucht. Oder Sparsamkeit aus herzlicher Vernunft: »Kein Aufwand bei meiner Beerdigung«, sagte meine Großtante, »davon hab ich nichts mehr. Besuch mich lieber einmal mehr, so lang ich lebe!« Sie brauchte keinen Aufwand, sie hatte so gelebt, sie war so gewesen, daß sie allen, die sie gekannt hatten, ihr ganzes Leben in Erinnerung geblieben ist. Sie wurde von ihrer eigenen Schwesternschaft zu Grabe getragen, einer Schar von vielleicht zwanzig jungen und alten Frauen, alle in der dunklen Festtagstracht mit frisch gestärkten weißen Hauben.

Sie liegt in der Stadt, in der ihr Mutterhaus stand, ehe es die Bomben des Zweiten Weltkriegs zerstörten, zwischen den anderen Schwestern des Roten Kreuzes, die ihre Gleichaltrigen oder ihre Schülerinnen waren. Alle haben den gleichen sparsamen Text auf dem Grabstein, alle deckt Efeu, über allen wölben sich unterdessen wieder hohe Bäume, und über ihnen wacht freundlich der Himmel.

Todesfuge

(…)
der Tod ist ein Meister aus Deutschland sein Auge ist blau

er trifft dich mit bleierner Kugel er trifft dich genau
ein Mann wohnt im Haus dein goldenes Haar Margarete
er hetzt seine Rüden auf uns er schenkt uns ein Grab in
der Luft
er spielt mit den Schlangen und träumet der Tod ist ein
Meister aus Deutschland
dein goldenes Haar Margarete
dein aschenes Haar Sulamith

PAUL CELAN

Schildkröte

Sie kam nicht. Ich stand fix und fertig vorm Haus. Halb acht. Pünktlich zur Minute stürzte sie sonst aus dem Gartentor des übernächsten Hauses, rannte mit fliegender Jacke oder Mantel herbei, und wir fingen sofort an, uns auf dem Wege zur Schule die Geschichte weiterzuerzählen, die wir gestern oder vorgestern begonnen hatten. Janne war gerade elf geworden. Ich war vier Monate älter. Wenn ich Geburtstag hatte, blühten oben im Hainberg, in einer der Schluchten, manchmal schon die Hundsveilchen. Wenn sie Geburtstag hatte, blühten die Rosen.

Und wenn sie unsere Geschichte weitererzählte, verdarb sie mir immer die Dramaturgie. Der Unbekannte, den ich bei jeder Gelegenheit bei den Kindern in unserer Geschichte hatte auftauchen lassen, wurde bei ihr ohne viel Federlesens ein Postbote, ein Zauberer, ein Bettler. »Ich weiß schon, du willst, daß es der lang verlorene Vater ist, aber der kommt eben nicht. Der kommt nie.«

Nun kam sie nicht. Und es war gewiß schon fünf nach halb.

Ich trabte an dem kleinen, weinlaubübersponnenen und dem großen roten Backsteinhaus vorbei zu ihrem, lief durch den Garten, schellte, und da riß sie die Tür auch schon auf und sagte: »Heute komm ich nicht mit, Bille.«

»Ach«, sagte ich ärgerlich und fühlte mich irgendwie verraten, zurückgestoßen, war wieder das einsame Kind, das nicht einmal in einer Geschichte seinen Vater wiederfinden durfte. »Denn nicht«, ich drehte mich um, ohne ein weiteres

Wort, und lief davon und in die Schule. Dort wurde mir in der zweiten oder dritten Stunde übel, und es ging mir wohl so schlecht, daß sie mich nach Hause schickten. Ich weiß nicht mehr, wie ich dorthin und ins Bett kam, wo die Fieberträume warteten.

Es war der 9. September 1938, und Janne und ihre Schwester hatten morgens zwei wollene Unterhemdchen übereinander angezogen bekommen, und das war für Janne das Zeichen. »Nehmt etwas zum Spielen mit, wir machen einen Ausflug«, sagte die Mutter, und Janne packte für ihre Puppen das ein, was wir schon seit Wochen für sie hergestellt hatten, ich auch, ohne zu ahnen, wozu es dienen sollte: winzige Pässe mit gezeichneten Paßbildern, deutsch-englische Wörterbüchelchen und Sprachlehren in der Größe von Streichholzschachteln. Unser Englisch stammte aus »Winnie the Pooh«, aber für die Schulbücher der Puppen reichte es.

Der Ausflug mit Picknick war der Beginn der langen Flucht, die in England endete. Ich aber war krank, Opfer einer Grippeepidemie, eine Lungenentzündung kam hinzu, und ich erinnere mich nur an feuchte, kalte Laken, in die ich gewickelt wurde, an die Klagen meiner Großmutter, an ein Konsilium von drei Ärzten, die mit unserem Hausarzt an meinem Bett standen, und wenn ich weit genug bei Bewußtsein war, um denken zu können, so wunderte ich mich, daß mich Janne nicht besuchte, nicht einmal schnell ins Kinderzimmer schaute, um »Na, Bille?« zu fragen.

Es dauerte Wochen, bis ich wieder aufstehen, bis ich stehen konnte. »Wo ist denn nur Janne?«

»Mit ihren Eltern fort«, antwortete meine Großmutter.

Als ich wieder laufen konnte, war naßkalter November. Ich ging als erstes an dem kleinen Haus, dessen Weinlaub längst abgefallen war, und am roten Backsteinhaus vorbei zu Janne.

Ich läutete, und eine alte Frau machte auf.

»Du bist Bille? Dann komm herein. Ich bin Jannes Tante

Elisabeth. Sie hat etwas für dich dagelassen.« Sie drehte sich um und lief die Treppe hinauf. Die Halle war leer. Es brannte kein Licht. Ich stand allein im Halbdunkel. Das Eßzimmer war leer. Der Salon war leer. Keine Möbel, keine Kleider, keine Sachen.

Die alte Frau kam zurück und gab mir ein Buch, das »Dschungelbuch«, vorn, in Jannes Handschrift »Für Bille«.

»Wo sind sie denn?«

Die alte Frau zögerte. »Fortgefahren«, sagte sie.

»Und wann kommen sie wieder?«

»Das, mein liebes Kind, kann ich dir nicht sagen.«

Ich verabschiedete mich und ging, ging in den Garten hinterm Haus. Obstbäume und Beerensträucher schon kahl. Auf Wiese und Staudenbeeten Laub, regenverklebt. Nur unter den Haselbüschen raschelte es noch. Das war Mowglis Höhle gewesen, eine Laubburg, in der wir uns dicht zusammengekauert und überlegt hatten, ob wir jemals wieder ins Dorf zu den Menschen zurückkehren sollten.

Jetzt lag da nur etwas zusammengewehtes, welkes Laub. Und als ich es mit dem Fuß aufstöberte, blitzte etwas Blankes. Eine Metallkette. Ich schob ein paar Blätter zurück, und da lag sie: die Schildkröte. Sie hatte den Sommer über Haus und Futter neben dem Brunnen, war immer angekettet, machte sich aber gern los und scharrte langsam zu den Erdbeeren, wo sie entweder die Beeren oder die Schnecken fraß. Sie war, wenn wir das »Dschungelbuch« spielten, unser wildes Tier, manchmal Schlange, manchmal Bär. Sie hatte schon alt ausgesehen, viel älter als wir, als Janne sie geschenkt bekam, und deshalb trug sie keinen Namen. Sie war groß und schwer, und sie war stumm. Vielleicht war sie deshalb das Tier eines Kindes geworden, das nach den Nürnberger Gesetzen kein Haustier mehr hätte haben dürfen.

Ich hob sie auf. Sie war reglos und starr. Tot. Vergessen. Verhungert auf der Flucht. In der Gartenbutze stand noch der Spaten, und ich grub der Schildkröte neben dem Brunnen ein Grab, legte sie so wie sie war samt ihrer Gefangenenkette hinein, trat die Erde sehr fest, streute Kies und welke Blätter darauf, setzte mich auf den Brunnenrand und dachte gar nichts, versuchte die Lähmung und den Schmerz abklingen zu lassen, die Verstörung, deren Ausmaß ich noch nicht begriff.

Der Tod der Schildkröte, ein kleiner Tod der Kindheit, auch wenn sich danach für ein Kind, das nicht hatte fliehen müssen, eine Weile noch nichts zu verändern schien.

Am Ende

Plötzlich ist verzuckt das Flackerlicht,
Das mich lockte durch so viele Lüste,
In den starren Fingern schreit die Gicht,
Plötzlich steh ich wieder in der Wüste,
Steppenwolf, und speie auf die Scherben
Der verglühten Feste ohne Glück,
Packe meinen Koffer, fahr zurück
In die Steppe, denn es gilt zu sterben.
Lebe wohl, vergnügte Bilderwelt,
Maskenbälle, allzu süße Frauen;
Hinterm Vorhang, der nun klirrend fällt,
Weiß ich warten das gewohnte Grauen.
Langsam geh dem Feinde ich entgegen,
Eng und enger schnürt mich ein die Not.
Das erschrockne Herz mit harten Schlägen
Wartet, wartet, wartet auf den Tod.

HERMANN HESSE

Das Haus

Als ich sie das erste Mal sah, trug sie einen grauen Kittel. Sie war groß und hager, kurzsichtig, hatte viel Weiß in den dunklen Haaren. Sie war eine Freundin einer meiner Großmütter, und ich landete im Frühjahr 1945 bei ihr, weil ihr Haus die letzte meiner noch erreichbaren Notadressen war, mit denen ich quer durch das zerstörte Deutschland in den Reichsarbeitsdienst gereist und quer durch die Front aus Oberschlesien durch Böhmen und Österreich und Bayern geflohen war.

Das Haus war ein Wasserschloß aus dem Mittelalter, im Barock umgebaut, mit einem Seitenflügel, dem Langen Haus, erweitert worden. Es lag an einem Bach, an dessen Ufer einmal Pfingstrosen gesetzt worden waren. Sie blühten jetzt wild und frei, so selbstvergessen wie alles im Park, denn der Gärtner war alt und der Kartoffelacker samt den Gemüsebeeten wichtiger.

Die alte Frau nahm mich auf, und dann war der Krieg zu Ende, dann kamen die Amerikaner und warfen uns aus dem Haus; schließlich war es ihnen doch zu unbequem mit Kellerküche und Steinfußboden, mit Wasserkrug, Waschschüsseln und Eimer fürs Schmutzwasser, und wir konnten wieder einziehen.

Ihr Mann war in Gefangenschaft, in den USA, ihr einziger Sohn in Rußland vermißt. Sie lebte allein im Schloß, mit einer Bedienerin. Die Ausgebombten, die im Langen Haus gewohnt hatten, waren gleich, nachdem ein paar deutsche Soldaten durchs Dorf geradelt waren und gerufen hatten:

»Wir sind die Front! In den Keller! Jetzt wird geschossen!« in die Stadt zurückgezogen, mit Sack und Pack.

Sie ging in ihrem grauen Kittel jeden Tag durchs Haus, dicke Schlüsselbunde in den Taschen. Sie führte den Haushalt wie immer. Im April muß mit den Bäumen im Obstgarten das und das gemacht werden. Morgen werde ich die Betten in den Fremdenzimmern frisch beziehen. Du kannst mir helfen, den Lauch im Gemüsegarten zu pflanzen. Sie öffnete im Flur im Zwischengeschoß riesige Schränke und holte die Teile des Fronleichnamsaltars heraus, der vor dem Tor unter dem Holunderbusch aufgebaut und mit Flieder geschmückt werden mußte. Sie zog sich am Sonntag das seidene Kleid mit dem Mantel an, griff nach den Handschuhen, steckte den Hut an ihrem dicken Haarknoten fest und saß oben auf der Empore im Patronatsgestühl und verfolgte schweigend die Messe.

»Mein Sohn ist vermißt«, sagte sie immer wieder und ging durch das leere Haus.

Wir gruben und jäteten im Garten. Wir hoben die Winterfenster aus und schleppten sie auf den Dachboden, wo sie wie seit Generationen im staubigen Dämmer auf den nächsten Winter warteten. Jedes Winterfenster trug eine römische Zahl, die auf den äußeren Fensterrahmen wiederkehrte, damit man wußte, welches wo seinen Platz hatte. Wir lüfteten Leinenlaken, die in Schränken lagen, in deren Türen Art und Anzahl aller Wäschestücke auf vergilbten Zetteln in der Schrift des vorigen Jahrhunderts notiert waren. Wir wuschen das verstaubte Porzellangeschirr, das niemand mehr benutzte, Wappengeschirr für 62 Personen, Landschaftsgeschirr für gewisse Festtage, Blumen mit Goldrand für Familienfeste.

»Mein Sohn ist in Rußland vermißt«, und sie wußte, daß in der Eßhalle niemand mehr die Tische für Taufen und Geburtstage und Hochzeiten decken würde.

Sie ließ das Silber putzen, und wir gingen durch den Eiskeller, den Apfelkeller, den Gemüsekeller, um für Ordnung und Sauberkeit zu sorgen. Ehe die Amerikaner gekommen waren, hatten wir den Weinkeller geleert und die Flaschen, die keiner mehr beim sorglosen Diner oder beim Jagdfrühstück leeren würde, im Teich versenkt, ehe sie sie den Dorfleuten schenkte.

Ich schlief im Götterzimmer, dem großen Schlafzimmer im ersten Stock, das an allen Wänden im pompejanischen Stil mit Göttinnen und Göttern bemalt war. Vor den Fenstern rauschte der Park. Zwei Fenster schauten nach Osten, an einem Gingko-Baum vorbei zum Bach mit den wilden Pfingstrosen. Da war die Hauswand von Efeu überwachsen, in dem die Vögel nisteten, und in der Morgendämmerung begannen sie zu singen, zuerst einzeln, schlaftrunken, dann im Chor, ohrenbetäubend. Die vier anderen Fenster schauten nach Süden, auf den Rasen mit den Apfelbäumen, zu deren Füßen die Narzissen und die Tulpen blühten, auf die Parkbäume, die verwilderte Allee, drüben, wo schon der Wald begann.

Ich lag des Morgens, nachdem das Vogelgeschrei wie abgeschnitten verstummt war, im offenen Fenster und lauschte dem Rauschen der Bäume. Ich genoß die Stille. Ich begann, wieder ein Mensch zu sein. Kein Krieg. Keine Bomben, keine Befehle, keine Kameraden, keine Marschkolonne. Ein Mensch, allein.

Aber anders als die alte Frau. Sie war allein mit dem Tod, und es half auch nichts, daß der Ehemann nach einem Jahr entlassen wurde. Er saß im Salon und trank, was von seinen Weinen und Bränden noch übriggeblieben war, und er starb bald. Sie blieb so allein wie vorher in ihrem leeren Haus zurück, lief durch die leeren Flure, durch den leeren Park.

»Nein, noch keine Nachricht vom Roten Kreuz.« Nie eine Nachricht. Ein langer, stummer Abschied.

Das Haus steht noch. Es wurde nach ihrem Tod verkauft, aber es war schon lange vorher gestorben.

Aufforderung zur Fröhlichkeit

Die Jahre wissen keinen Halt,
Sie achten keine Zügel,
Der Mensch wird unversehens alt,
Als hätt er schnelle Flügel.
Was schon der Tod hat hingebracht,
Wird nimmer wiederkommen;
Wird denn in jener langen Nacht
Dein Traurigsein dir frommen?

SIMON DACH

Der Schatten

Sie hat ihn ihr Leben lang gepeinigt. Mach dies und mach jenes! Warte mal! Warte mal! Laß mich erst sehen! Oder: Wo bist du gewesen? Mit wem?

Einmal, gleich nach dem Krieg, war er von einer Hamsterfahrt nicht zu ihr zurückgekehrt, sondern bei der Bäuerin geblieben, und nicht nur, weil sie für ihn schwarz geschlachtet hatte.

Sie wußte nicht, wo er war, aber sie bekam es heraus und schrieb zuerst ihm und dann der Bauersfrau Briefe über Briefe, und er gab endlich nach und kehrte zurück. Sie verzieh ihm, hielt es ihm aber bis zu seinem Tode immer wieder vor, mittags, wenn er vom Essen müde war, abends, nach den Nachrichten, wenn er den Krimi sehen wollte.

Einmal wurde er ernsthaft krank, und sie pflegte ihn so, daß er ins Krankenhaus mußte. Das waren die guten Jahre, in denen es keine Rolle spielte, wenn ein Patient ein paar Tage länger im Spital liegenblieb. Allmählich entwickelte er eine Neigung zu ernsten, aber nicht lebensgefährlichen Krankheiten, die manchmal eine kleine Operation, aber immer einen langen Klinikaufenthalt und eine Erholungskur erforderten.

»Nein, Liebes, du kannst nicht mit, leider.«

»Aber ich muß! Du weißt, was du mir damals angetan hast, als ich dich alleine reisen ließ!«

Doch der Arzt bestand auf absoluter Ruhe und Schlafbehandlung und ähnliches, und so kam er immer wieder zu friedlichen Phasen.

Eines Tages wurde er wirklich krank. »Wenn du ihn noch einmal sehen willst …« schrieb sie mir, und ich kam.

Er lag allein in einem Zimmer. Die Schwester stellte den Kopfteil seines Bettes hoch, so daß er mich sehen konnte. »Jetzt bin ich an der Reihe«, sagte er, »jetzt ist es aus mit mir.«

Er, ehemaliger Jesuitenzögling, hatte immer gesagt, daß er an keinen Gott und keinen Himmel und kein Gericht glaubte, aber jetzt fragte er: »Und dann? Was meinst du?«

Ich zögerte. Er war ein Freund meines Vaters gewesen, ich hätte seine Tochter sein können. Mußte ich ihm antworten?

Er schaute mich so verschmitzt an, daß ich nur sagen konnte: »Geh nur voraus, wenn ich dann später nachkomme, können wir uns weiter darüber unterhalten!«

Er lachte, und dann spielten wir eine Partie Quinto, und er gewann, wie eigentlich immer. Er sagte zum Abschied: »Also dann bis drüben, wenn du meinst.«

»Ja, das meine ich.«

Er lebte noch ein oder zwei Wochen, und seine Frau saß jeden Tag an seinem Bett. »Bleib doch daheim, Liebes«, bat er, aber sie wich nicht von der Stelle. Die Schwester erzählte später, daß der Arzt sie schließlich mit Gewalt in eine Taxe gesetzt hätte: »Sie müssen jetzt einmal richtig ausschlafen!« denn er, sagte mir die Schwester, »wollte endlich allein sein, das merkte man, er brauchte Zeit, um seine Seele zu lösen. Das ist die letzte Arbeit, die wir leisten müssen, und dazu brauchen wir Ruhe und Stille.«

Ihm reichten ein Abend und eine Nacht. »Er hat nicht geschlafen, aber dann hat sich sein Atem verändert. Er hat die Welt in Frieden loslassen können. In der Früh ist er ganz ruhig gestorben.«

»Sie hätten mich doch rufen müssen!« rief seine Frau, »immer bin ich bei ihm gewesen, alles hab ich für ihn gegeben! Und kaum bin ich einen Augenblick weg, stirbt er mir! Wie kann er mir das nur antun!«

Sie hat ihn ein gutes Jahrzehnt überlebt. Zum Schluß hatte sie vergessen, wie er hieß und was er ihr bedeutet hatte, »dieser Mann, der manchmal in meiner Wohnung war«.

Und dann verging auch dieser Schatten, und sie wußte nicht mehr, daß es ihn gegeben hatte.

Wenn ich morgen sterben soll –
gearbeitet hab ich genug.
Wenn ich noch zehn Jahre leben soll –
zu arbeiten hab ich genug.

FRIEDRICH RÜCKERT

Zylinder

Als meine Mutter gestorben war, als ihre Mutter vor Kummer fast den Verstand verlor, als ihr Arzt sagte, ihre Verzweiflung sei so groß, daß man mit dem Schlimmsten rechnen müsse, als sie in eine Klinik kam, in der »man mich hat schlafen lassen, nur schlafen, mehr wollte ich nicht, schlafen und vergessen«, da beschloß mein Großvater, seine Vaterstadt mit ihr zu verlassen, damit sie nichts an das erinnert, was sie vergessen wollte. Ihm war es gleichgültig, wo er nun, »außer Dienst«, wohnte. Er war es als Offizier gewohnt, von Garnison zu Garnison versetzt zu werden.

So zogen sie in die Universitäts- und Pensionistenstadt, in der sich genug andere ehemalige Offiziere niedergelassen hatten, daß sie ihren Lebensstil auch unter veränderten Umständen pflegen konnten. Die meisten mußten mit ihrer Pension auskommen. Sie luden sich gegenseitig zum Bridge ein, sie fuhren zur Fasanenjagd oder zum Schnepfenstrich zu denen, die noch Felder und Wälder mit Fasanen und Schnepfen besaßen – sie redeten nicht über die Vergangenheit, aber ununterbrochen von denen, die sie in vergangenen Tagen gekannt hatten.

»Der X. hat von dann und dann im Regiment in Y. gestanden. Sind Sie ihm nicht beim Manöver in Z. begegnet?«

Regimentskommandeure. Orte. Kasinonächte. Jeu. KaWe-Zwo. Pferde, die mein Großvater gezüchtet, mit denen er Rennen geritten und Preise gewonnen hatte, silberne Platten, auf denen meine Großmutter die Tassen mit dem dünnen Tee servierte, silberne Kerzenhalter, deren Honigkerzen sie entzündete, wenn die Herren nach dem ersten Robber eine Zigarre schmauchten.

Eine Gesellschaft von Gleichen, von viel zu früh pensionierten Offizieren, die den Pfennig umdrehen mußten, aber nie auf die Idee gekommen wären, andere Hemden als solche mit Umschlagmanschetten und goldenen Manschettenknöpfen anzuziehen. Ich kann mich nicht daran erinnern, daß sie neue Kleider gekauft hätten. Sie trugen die Fräcke und Abendkleider der Vorkriegszeit auf, holten im Winter die Jagd- und Theaterpelze aus der Kampferkiste auf dem Dachboden und legten den Sommerpelz zwischen Mottenkugeln und Seidenpapier hinein.

Noch trugen die Damen abends Schmuck. Noch trug meine Großmutter den Saphirschmuck, aber vielleicht wurden die wirklich guten, großen Steine schon nach der Inflation gegen minderwertige ausgetauscht. Trug eine der Kusinen meines Großvaters zur altmodischen Taftrobe ihre meterlangen Perlschnüre, so entstand ein Gemurmel und Geraune über den berühmten Schmuck und seine Geschichte, und die großen Perlen schimmerten anders als die winzigen Orientperlen meiner Großmutter, die ihr in sieben oder acht Schnüren den Hals umspannten und eine nach der anderen vor Alter starben.

Sie starben wie die Perlen in ihren Ohrläppchen, wurden blind, schrumpften, dann kam der nächste Krieg, es gab keine Gesellschaften mehr, die toten Perlen lagen in einer Schatulle und gerieten in Vergessenheit, bis sie als Teil einer Erbschaft wieder in die Hand genommen wurden.

»Ach«, sagte der Juwelier, »alte Orientperlen! Nein, da ist nichts mehr zu machen. Zehn oder zwölf Stück sind vielleicht noch gut, aber der Rest ist gestorben.«

Länger gelebt hat der Zylinderhut, haben alle Zylinder der alten Herren. Die trafen sich nicht nur zum Bridge, sie trafen sich regelmäßig zum Dämmerschoppen in der »Roten Mütze« in der Altstadt, und wenn sie nach Hause gingen, wurde spekuliert: »Der Dings macht es auch nicht mehr lange, so wie er heute ausgesehen hat.«

Und wenn jener es wirklich nicht mehr lange gemacht hatte, zogen alle anderen wieder ihren dunklen Anzug an, banden sich die schwarze Krawatte um, nahmen den schwarzen Mantel und setzten sich den Zylinder mit dem Trauerflor auf, dem breiten schwarzen Seidenband. So gingen sie gemeinsam zur Beerdigung, gingen danach gemeinsam einen Schluck in der »Roten Mütze« trinken und überlegten: Wer wird wohl der Nächste sein?

Dann fielen die Söhne und Enkel der Alten, da gab es keine Beerdigungen. Sie stammten aus Offiziersfamilien, es war für sie selbstverständlich gewesen, als Kinder in eine Kadettenanstalt gesteckt zu werden, als Mann seinen Leuten beizubringen, den Tod nicht zu fürchten, und selber mit Krieg und Tod zu rechnen. Auch mit dem Tod der Söhne.

Wenn sie in der Zeitung lasen, welcher der Söhne diesmal gefallen war, schwiegen sie. Gingen schweigend und außer der Reihe in die »Roten Mütze«, saßen stumm zusammen, tranken das dünne Kriegsbier und dachten darüber nach, ob der Junge wohl überhaupt ein Grab gefunden hatte.

Die Zylinder blieben in ihren Hutschachteln: ein Grab in den Lüften, ein Grab in der Steppe, ein tiefes Grab im Ozean, da waren keine Zylinder vonnöten.

Dann war der Krieg aus, und wer lebendig heimkam, mußte wieder auf die Schulbank. Übergangskurse für die Studenten, die jahrelang geschossen statt gebüffelt hatten, für Abiturienten, wie wir es waren, die der totale Krieg zwischen Turn- und richtigem Abitur aus der Schulbank gescheucht hatte. Wir lernten und wir feierten. Als es Frühling wurde, feierten wir in Landlokalen, fuhren mit dem Bus zum Friedhof, zur Endstation, marschierten an Feldern und Gärtnereien vorbei bis zur Autobahn, auf der noch keine Autos fuhren, nach Curfew, der nächtlichen Ausgangssperre, auch keine der englischen Besatzer, liefen auf der Autobahn bis zum nächsten Dorf, wo es einen Gasthof mit Scheune und Tenne gab, auf der wir tanzten, und tanzten bis Curfew-Ende. Dann marschierten wir im Morgenlicht auf der Autobahn zurück, warteten am Friedhof auf den ersten Bus, fuhren bis zur Bäckerei und stellten uns an die noch nicht so lange Schlange, um ein Maisbrot zu ergattern.

Einmal gab es ein Faschingsfest, und wir beschlossen, uns zu verkleiden. Wir stöberten in der Abendgarderobe unserer Eltern und Großeltern, ich zog meinen alten Arbeitsdienstmantel über die Pracht, weil ich keinen anderen besaß, und so wanderten wir los. Am nächsten Morgen hatte es zu regnen begonnen. Ich raffte den langen Taftrock in den Schutz des Mantels, und einer der Freunde stülpte mir seines Vaters Zylinder auf den Kopf. Als wir das Wartehäuschen vorm Friedhof erreicht hatten, war es hell geworden. Wir schüttelten uns den Regen aus den Kleidern, schauten uns an und lachten über die verregneten Gestalten.

Da sagte mein Freund: »Nimm den Zylinder ab!« und das sagte er so, daß ich erschrak. Und als ich ihn auf meine Knie legte, sah ich, daß ihn noch der Trauerflor umschlang.

Wir saßen mit dem Rücken zum Friedhof, zu dessen noch frischem Grab, dem dieser Flor gegolten hatte. Und als der Bus kam, fuhren wir schweigend heim.

Das war das Ende der Zylinderzeit. Zu viele der Alten waren gestorben: »Und ich setze mich doch nicht allein mit dem Zylinder in den Bus zum Friedhof!« sagte mein Großvater.

Mein jüngster Sohn erbte von Großvätern und Großonkeln drei oder vier Zylinder. Er brauchte sie, weil er eine Zeitlang Zauberer war, aber das ist seine Geschichte.

Habit

Die Kapuzen der Totenträger, die Witwenschnepfen mit dem langen, dichten Schleier, die wollenen Trauerkleider, der Trauerflor, das breite schwarze Seidenband am Jacken- oder Mantelärmel: Kleider ohne Worte, die sofort verstanden wurden.

Denn wer will schon immer wiederholen müssen, daß er in Trauer ist? Vielleicht hat er gerade seine Fassung wiedergewonnen, und nun steht ihm wieder das Bild von den letzten, den Todesmomenten vor Augen, nun kommen wieder die Tränen und die Verzweiflung. Da eben setzt die stumme Sprache der Kleider ein. Sie gewähren einen Schutz, einen Raum, in dem ich genesen kann oder zumindest anfangen, meinen Schmerz zu bewältigen.

Oder ist es gerade andersherum? Schreckt das strenge Schwarz ab? Will ich mich nicht absondern, mich nicht in die Trauerecke schieben lassen? Oder ist das Schwarz noch aus einem anderen Grunde unheimlich?

Ein Geistlicher, unterdessen alt und gelassen, erzählte mir, er habe als junger Kaplan in vollem Habit seine Runde im Krankenhaus machen wollen, sei in ein Zimmer getreten, worauf eine der Patientinnen in ihrem Bett in die Höhe geschossen sei und geschrien habe. »Hau ab, du schwarzer Vogel! Ich liege noch nicht im Sterben!« Und er? Was hat er gesagt, getan, gedacht? »Wenn man ein junger Mensch ist, nimmt man so etwas persönlich, es trifft also, auch wenn man es besser weiß. Aber ich habe gelernt, was die Todesangst für eine schreckliche Macht sein kann.«

Also kein Habit, keine Kleider, die auch deutlich machen

können, was Tod und Sterben, Angst und Abschied, Trost und Vergebung sind? Keine Ecclesia triumphans, weil in ihrem Sinn uns der Tod erst ins wahre Leben führt? Irgendwann nach den achtundsechziger Jahren wurden alle Gewänder, die etwas anzeigten, eingemottet: die Postboten-Uniformen, der Frack, die Kellnerinnenkleider, die Schwesterntracht, das geistliche Gewand. So standen wir, als ich vor einer Krebsoperation um das Krankensakrament gebeten hatte, als zwei Unerkenntliche zwischen Tür und Angel: der polnische Pater, der in diesem Spital den Dienst als Krankenhausgeistlicher verrichtete, in Pullover und Jacke, ich im Spitalskittel und Morgenrock. Wir standen in einem Untersuchungskämmerchen, das sich der Pater für eine bestimmte Zeit hatte reservieren lassen. Aber natürlich platzte eine Schwester mitten in die sakramentale Handlung hinein, sah, wie ein dicker Mann, der sicher kein Arzt war, auf der gesenkten Stirn einer unverkennbaren Patientin des Hauses herumhantierte, hörte, daß er dabei nicht einmal Deutsch sprach, und öffnete den Mund zum Schrei.

Mein Pater sagte seelenruhig: »Wir sind gleich fertig!« und fuhr in der Zeremonie fort. Wäre das anders verlaufen, wenn er ein Habit getragen hätte? Wenn die Schwester gewußt hätte, daß es mächtigere Heilmittel als Aspirin oder Taxifene oder Lindenblütentee gibt? Wenn sie ihren Namen und ihr Geheimnis erklärt bekommen hätte, auch wenn sie nur an Taxifene, Gummihandschuhe und Blutwerte glaubt?

Diese Schwester kam später zu mir und fragte, was das denn gewesen sei. Sie hörte meine Antwort schweigend an und sagte nichts dazu, aber in diesem Augenblick waren meine Sätze genau wie früher das Habit des Geistlichen ein Zeichen dafür, daß es etwas gab, was der Todesangst den Schrecken nehmen kann.

Doch nichts bleibt, wie es ist. Die Sehnsüchte und tiefsten seelischen Bedürfnisse der Menschen haben sie zu Zeichen greifen lassen, die ihnen halfen, mit Leben und Tod zurechtzukommen. Solche Zeichen gelten immer eine Zeit, dann nicht mehr. Aber der Schmerz nach dem Tod eines Geliebten ist unverändert da, und ein stummer Schrei ins Leere ist schrecklich. Vielleicht werden neue, andere Zeichen entstehen. Oder es klopft jemand sein altes schwarzes Habit wieder aus und zieht es an und geht darin auch auf die Straße und in das Krankenhaus.

Früher galt ohnehin das Trauerjahr. Man trug Schwarz. Selbst zum Frack gab es eine schwarze Trauer-Weste. Die eine Großmutter tupfte sich die Tränen mit schwarzgeränderten Taschentüchern ab, trug Hüte mit dichtem Trauerschleier und kaum noch Schmuck. Die andere Großmutter setzte eine Witwenschnepfe auf, eine schwarze Kopfbedeckung mit weißem Rand, und wenn Männer oder Kinder ihren gewohnten Regen- oder Lodenmantel oder ihre nichtschwarzen Jacken anzogen, so streifte man einen Trauerflor über einen Ärmel, ein breites schwarzes Band, mit einer Sicherheitsnadel am Runterrutschen gehindert.

Die Trauernden benutzten Briefpapier und Umschläge mit schwarzem Rand und gingen ein Jahr lang, das Trauerjahr, nicht auf öffentliche Feste und Lustbarkeiten, und wer sie in ihrer schwarzen Trauerkleidung sah, der wußte, daß sie jemanden verloren hatten, und er achtete ihre Trauer. Nach einem halben Jahr konnte man zur sogenannten Halbtrauer übergehen, zu Schwarz-Weiß und gedeckten Farben, aber der Trauerflor blieb an Ort und Stelle. Das alles gibt es nicht mehr. Alle Welt trägt Schwarz, weil es seit Juliette Greco und den Existentialisten Mode geworden ist.

Eine Kollegin brach, kurz nach dem Tod des Mannes, im Büro, wo mit Lärm und Hallo irgend etwas gefeiert wurde, in Tränen aus und rief: »Könnt ihr denn nicht ein bißchen Rücksicht auf mich nehmen!«

Verdutztes Schweigen. Warum? Warum auf dich? »Wie können wir ahnen, daß du in Trauer bist? Daß du immer noch in Trauer bist?«

Ja, wie kann man das ahnen, wenn man es nicht sehen kann? Wenn es kein Zeichen gibt, das die anderen mitten im Trubel der Erwerbswelt verharren und vielleicht daran denken läßt, daß da jemand Rücksichtnahme braucht. Daß jemand noch jedesmal zurückzuckt, wenn es um ihn herum lacht und kreischt, als ob das Leben nur eitel Freude wäre. Daß es ihm gut tut, wenn er durch eine Geste, ein behutsames Wort Beachtung spürt: Da denkt jemand an dich. Da versteht jemand dein Leid.

Mehr muß es gar nicht sein, aber dieses Wenige brauchen vielleicht nicht alle, aber sicher viele, diejenigen, denen nicht nur ein Angehöriger gestorben ist, sondern die einen geliebten Angehörigen oder Freund verloren haben. Trauerkleidung: ein sicheres Haus, in das man sich zurückziehen kann.

Wenn die Trauer vorbei oder erträglich ist, wird die schwarze Krawatte wieder in den Schrank gehängt, die Trauerkleidung eingemottet und der Trauerflor in sein Schächtelchen gelegt. Bis zum nächsten Mal ist alles wie immer, aber wenn man einmal Schwarz getragen hat, ist es nicht mehr ganz dasselbe.

Rom und der Pomp

Rom, das war der Pomp, die Sache und das Wort. Denn die Bestattung der Toten war wie in Hellas heilige Pflicht der Hinterbliebenen, aber ihr Aufwand diente vielleicht noch mehr der Reputation der Lebenden. Die Zeremonie hatte die Geläufigkeit einer Theaterszene: Man sprach von letzten Ehren, brach in die üblichen Wehklagen aus, rief den Namen des Toten, ließ ihn waschen und salben, hüllte ihn, wenn es ein Hochgestellter war, in sein Amtskleid, die Toga, versah ihn mit allem, was er in seinem Leben an Orden und Ehrenzeichen erworben hatte, und bahrte ihn zum öffentlichen Abschied im Atrium seines Hauses auf. Im Vestibül bezeichneten rechts und links Zypressen das Trauerhaus. Außerdem verkündete ein Herold den Todesfall, als Vorläufer der Todesanzeige, und ein professioneller Festordner sorgte für den Trauerzug, die pompa.

Dazu gehörte viel, was bis heute geblieben ist, vor allem das Schema eines Verhaltens, das Würde und Ehrerbietung darstellt und auf den Menschen, den Verstorbenen, bezogen ist, falls einem die Götter gleichgültig sind. So begann diese Trauerveranstaltung mit der Verneigung vor dem Toten auf der prachtvoll ausgestatteten offenen Bahre mit ihren üppigen Decken und Tüchern. Dann mußten Verwandte und Freunde, die die Bahre auf den Schultern trugen, den vorschriftsmäßig gemessenen Gang anschlagen. Ihr Stolz, zum Sargträger auserwählt zu sein, gab ihrer Rolle den bedeutungsvollen Rang. Das galt ebenso für die Flötenspieler, Fackelträger, Klageweiber und Schauspieler, die während des

Zuges kurze Szenen aus dem Leben des Toten darstellten, bei denen sie die dumpfe Gedrücktheit der Trauernden oft in Gelächter auflösen durften.

Wer wie die Consuln, Prätoren oder Censoren ein kurulisches Amt, also eins der höchsten, bekleidet hatte, der saß nicht nur sein Amtsleben lang auf einem besonderen, mit Elfenbein ausgelegten Stuhl, er wurde auch auf seinem letzten Zuge ausgezeichnet. Man hatte ihm eine Imago abgenommen, eine Gesichtsmaske aus Wachs. Und diese Imagines wurden im Leichenzug von Schauspielern in den Amtskleidern des Toten getragen und danach feierlich in besonderen Schränken im heimischen Atrium aufbewahrt. Starb ein Verwandter, der ein ähnliches Amt ausgeübt hatte, so holte man die Imagines wieder hervor und ließ sie im Trauerzug mitgehen, wieder getragen von Akteuren in der jeweiligen Amtstracht. Das ist die Quelle aller Totenmasken, Portraits oder Photographien, mit denen sich die Hinterbliebenen bis heute die Erinnerung an den Verstorbenen wachhalten.

Auch die Familie zeigte, daß sie in Trauer war, und trug eine spezielle Trauerkleidung: die dunkelgraue toga sordida. Die Frauen hatten jeglichen Schmuck abgelegt und die Haare gelöst, und wenn der Zug das Forum erreichte, blieb er vor der Rostra, der Rednertribüne, stehen. Sie war mit den Standbildern berühmter und verdienter Männer geschmückt, und die Rede zu Ehren des Toten war wohl oft so formuliert, daß er als ein Ebenbürtiger erschien. Dann zog die pompa weiter, aus den Toren der Stadt heraus, denn das Gesetz verbot es, Tote innerhalb der Stadtmauern zu bestatten oder zu verbrennen.

Draußen an der Via Appia reihte sich Grab an Grab, und wer heute an einem Sommertag, beim gellenden Zirpen der Grillen, über die buckligen, sonnenheißen Steine wandert, der kann vielleicht noch die Zimbeln und Flöten hören, die einst in den Grillengesang einstimmten, und merkt, wie nahe wir Trauernden denen von damals sind.

Grabsteine

Grabsteine können Geschichten erzählen. Auf manchen Friedhöfen wimmelt es von Engelsgestalten, als hätte sie der Himmel zu einem Klassenausflug auf die Erde gesandt. Sie knien in faltigen Engelsgewändern auf dem Sockel mit Namen und Daten ihres Toten, haben den Kopf gesenkt, als lauschten sie ihm, und die meisten tragen einen schönen, großen Palmwedel, der an den Einzug des Herrn in Jerusalem erinnern soll, an den Tag, an dem seine Leidenswoche begann. Noch streute man ihm zur Begrüßung und zum Einzug Palmzweige auf den Weg, die im Osten als heilig galten, die mit ihren Blattstrahlen an die Macht des Sonnengottes erinnern sollten, dann aber ein Zeichen für Tod und Auferstehung wurden.

Die Palme, die Dattelpalme, wächst der Sage nach unverdrossen unter der Last ihrer Früchte, und so soll auch das trauernde Herz siegen über die schwere Qual dessen, was ihm – mit dem Tod des geliebten Menschen – auferlegt worden ist. In einem Barockgedicht heißt es: »Auch also wer sich Gott vertraut und recht kann beten / dem steht der Engel Schar zu Dienst in allen Nöten.« So kam der Palmwedel zum Engel und beide aufs Grab.

An der Nordseeküste sind es nicht die überirdischen, sondern die unterseeischen Wesen, begleiten die Walfische ihre Bezwinger bis in alle Ewigkeit. Die Kapitänswitwen ließen die Zahl der harpunierten Tiere und die Jahre der Fangerfolge auf die Grabsteine meißeln, die oft vom Bild des wasserspeienden Beutetieres gekrönt sind.

Diese Steine sind flache Tafeln wie die auf den alten Friedhöfen der Juden, die ihren Gottesacker Haus des ewigen Lebens nannten oder einfach Haus der Ewigkeit, im Jiddischen den guten Ort. Die Tafeln werden so, wie sie sind, nach den vorgeschriebenen Trauertagen zu Häupten der Toten in die Erde gestellt und bleiben dort für immer, sinken ein, werden wieder Erde, stehen in ihrer Einfriedung im Schatten von Bäumen, umspielt vom Gras und von wilden Blumen. Denn dieser Ort gehört den Toten, und es ist nicht erlaubt, ihnen etwas zu nehmen, nicht einmal einen welken Grashalm. So steht man zwischen den grauen gleichgroßen Steinen, die ebenso wie die Toten nach Osten oder Süden, nach Jerusalem schauen, und liest ihre Zeichen. Die liegenden Steine decken die Sephardim, die aus spanischen oder portugiesischen Familien stammen. Die senkrechten stehen bei ihren Aschkenasim, den Deutschen. Jeder Stein gehört einem Menschen – »ich habe dich bei deinem Namen gerufen« (Jesaja). Und was als Schmuck erscheint, sagt nur, was dieser Einzige in seiner Erdenzeit gewesen ist: Krönt ein Relief von zwei segnenden Händen die Grabschrift, so liegt dort einer aus dem Priesterstamm der Kohanim. Zeigt das Relief eine Kanne, so liegt dort ein Levi aus dem Stamme der Tempelhüter, der die Kanne fürs Händewaschen des Priesters trug.

Andere Steine lassen auf den Beruf schließen. Schere, Brotlaib, Weintraube; andere zeigen Symbole für den Namen: Löwe und Bär, Herz und Stern, Hirsch und Schiff. Dazu nur der Name des Toten, manchmal auch der seiner Mutter. Manchmal auf der Vorderseite hebräische Buchstaben, auf der Rückseite die der Landessprache. Kein Prunk, keine Berühmung, keine Blumen, denn der Gerechte bedarf des Denkmals nicht, er hat sich durch sein Werk ein Denkmal gesetzt. Keine Rasenbank am Elterngrab, wohl aber Kerzen bei der Beerdigung und bestimmte Gebete und Kleidung, Leichenschmaus und die Regeln der ersten bitteren Trauerzeit, ganz abgeschlossen vom Lärm der Welt, dann das Trauerjahr, danach die Gedenktage, und alles inmitten der Gemeinde. Sie läßt dich nicht allein. Sie ist bei dir, wie der Ewige versprochen hat, uns nicht zu verlassen. Sie sucht mit den alten, weisen Regeln dafür zu sorgen, daß die Trauer nicht noch gesteigert, von außen geschürt oder gereizt wird, daß sie den Trauernden nicht verzehrt. Sie sagen gemeinsam das Kaddisch, das kein spezielles Totengebet ist, sondern ein Hymnus zum Lob des Ewigen, des Höchsten: »Verherrlicht werde und geheiligt werde sein großer Name in der Welt, die er schuf nach seinem Rate ...« So groß also die Trauer sein mag, es stand alles im Rate Gottes, es ist der Lauf der Welt, und wenn ich mich auflehne und meine Trauer Macht über mich gewinnen lasse, versündige ich mich an Gott und seiner Welt.

In manchen Gemeinden warten die Trauernden am Freitagabend im Vorraum der Synagoge, und auf ein Zeichen des Tempeldieners geht ihnen die Gemeinde entgegen und führt sie mit einem Trostgebet zu ihrem Platz. Sie sind nicht allein. Sie sind eingebettet in ein Gespinst aus Sitten und Gebräuchen.

Sie brauchen nicht einsam und verzweifelt an einem Grab zu sitzen. Sie gehen an bestimmten Buß- und Jahrestagen mit anderen »aufs Grab der Väter«. Es wird ihnen vor Augen geführt, daß auch andere Trauer tragen, wie sie damit leben, wie sie darüber sprechen.

Einer der alten guten Orte ist nicht weit von meiner Wohnung entfernt. Ich gehe gern dorthin. Es ist kein Park, es gibt keine kostbare Blumenpracht, es ist der verwilderte Garten Eden, schattig und schweigend, fast ohne Weg und Steg. Moos auf manchen Steinen, die langsam in die Erde sinken, und ich stehe zwischen den fremden Steinen und warte eine Weile mit denen, die sie decken, auf die Trompeten des Jüngsten Tages.

Eine besonders traurige Geschichte erzählen Grabsteine in Carolina, am nordamerikanischen Atlantikufer, wo die Spanier den Indianern als Siedler folgten und von Engländern abgelöst wurden. Diese versuchten vergeblich in der tropischen Hitze, zwischen Salzsümpfen und Alligatoren-Flüssen wieder Weizen und Roggen anzupflanzen. Sie bauten sich aus dem Muschelstein der Gegend ein kleines, schmales Haus, daneben das Küchenhaus, beides heute nur noch Ruinen, überwuchert von Gestrüpp. Nicht weit davon entfernt andere Mauern zwischen Bäumen, ein Geviert aus dem gleichen Muschelstein, alles erhalten, auch das verrostete Gittertor. In diesem Friedhofsraum die Gräber der einen einzigen, einsamen Familie, Kind neben Kind. Sie haben es zwei, fünf oder sieben Jahre ausgehalten, dann kam wieder die feuchte Schwüle des Sommers, Mücken aus dem Sumpf, Krankheiten, denen die Kinder, sicher nur mangelhaft ernährt, nichts entgegenzusetzen hatten. Kindergrabstein neben Kindergrabstein, am Ende die Eltern, auch sie nicht sehr alt geworden. Hat eines der Geschwister überlebt? Ruht es an anderer Stelle? Hat es je wieder vor den Gräbern seiner Familie gestanden? Sie haben fast dreihundert Jahre überdauert. Das Haus ist zerfallen oder niedergerissen worden. Den Friedhof aber hat keiner zerstört. War es die Würde des Todes, oder hatte das Land keinen Wert, mochte ruhig wieder verwildern?

Was auch geschah, seit damals, als Nachbarn den Letzten der Familie zu Grabe getragen haben mochten, hat sich an diesem Orte nichts geändert. Um ihn herum lebt das 21. Jahrhundert, hier sind die letzten Zeichen einer Familie, die keiner mehr kennt. Aber wer vorübergeht, bleibt wie an einem Marterl stehen, liest die Namen, stellt sich vor, wie es damals gewesen sein mochte, und auch das ist wohl der Sinn eines Grabsteins.

Denk es, o Seele!

Ein Tännlein grünet wo,
Wer weiß, im Walde,
Ein Rosenstrauch, wer sagt,
In welchem Garten?
Sie sind erlesen schon,
Denk es, o Seele,
Auf deinem Grab zu wurzeln
Und zu wachsen.

Zwei schwarze Rößlein weiden
Auf der Wiese,
Sie kehren heim zur Stadt
In muntern Sprüngen.
Sie werden schrittweis gehn
Mit deiner Leiche;
Vielleicht, vielleicht noch eh
An ihren Hufen
Das Eisen los wird
Das ich blitzen sehe!

EDUARD MÖRIKE

Duratio vitae

In den ersten zwei, drei Semestern nach Kriegsende war die Universität Göttingen wieder die alte Hochschule der vereinigten Königreiche Hannover und England. Die Stadt lag in der englischen Besatzungszone, war unzerstört, und die Universität wurde von den Engländern dazu benutzt, die Studenten-Soldaten wieder den Anschluß an ihr jeweiliges Studium finden zu lassen.

Uns blieben die Hörsäle, die am Rande der Stadt lagen oder – wie die Mineralogie – von den Besatzern nicht gebraucht wurden, und wir saßen dichtgedrängt auf Treppenstufen, Fensterbänken, auf dem Podium. Die ersten Reihen aber wurden stillschweigend denen freigehalten, die mit Krückstöcken angehinkt kamen, die den leeren Ärmel der ehemaligen Uniformjacke mit einer großen Sicherheitsnadel an die Seite geheftet hatten, die nicht allein kamen, sondern von einer Krankenschwester oder ihrer Frau begleitet wurden, die die Blindgeschossenen führten und für sie die Vorlesungen mitschrieben.

Dem Tode entronnen. Jeden Nachmittag punkt vier, wenn während der Ethik-Vorlesung jenseits des Flusses Munition gesprengt wurde, daß es wummerte und grollte, zogen wir automatisch die Köpfe ein und duckten uns, während wir weiterschrieben, so wie wir gelernt hatten, uns unter Beschuß zu ducken.

An den wenigen Vorlesungsorten trafen sich die Studenten aller Fakultäten, und man hörte überall mit. Einmal saß ich im Hörsaal der Anatomie, in einer der obersten Reihen des halbrunden Auditoriums. Ich weiß nicht mehr, worum es ging, aber es wurden Patienten vorgeführt. Eine kleine alte Frau im Spitalskittel, die schüchtern zu uns emporschaute. Dann ein Mann mit Glatze, der quer auf einer Trage saß und mit den nackten Beinen baumelte. Wieder gab der Professor eine Erklärung und Belehrung, dann legte er ihm den Arm um die Schultern und sagte zu uns: »Duratio vitae menses tres.«

Der Mann lächelte, der Professor ließ noch einen Augenblick seine Hand auf den Schultern des Patienten liegen, dann nickte er dem Pfleger zu, und die Trage wurde wieder hinausgerollt.

Ich habe dieses Bild nie vergessen. Diejenigen, die in zu Jankern umgearbeiteten Uniformjacken im Auditorium saßen, kannten den Tod im Krieg, den anonymen Tod, den Massentod. Den Tod, den man kaum noch beachtete.

Dieser Mann wartete auf seinen eigenen, seinen privaten Tod. Duratio vitae: Drei Monate blieben ihm noch vom Leben. Ob er es wußte? Die Ehrfurcht vor dem Tod berührte uns wieder. Riß uns die Gleichgültigkeit, die Gefühllosigkeit, die uns die Schrecken des Krieges hatten überstehen lassen, wieder von der Seele. Ich sah den Mann, wie er mit den Beinen baumelte, ich empfand Mitleid und Trauer und Dankbarkeit: Ich aber lebe.

Wie lang? Darüber dachte ich nicht nach.

Das Angenehme dieser Welt hab ich genossen,
der Jugend Freuden sind wie lang! wie lang! verflossen.
April und Mai und Junius sind ferne,
ich bin nichts mehr, ich lebe nicht mehr gerne.

FRIEDRICH HÖLDERLIN

Die Suppe

Wir nannten ihn PW. Er war unser Studentenpfarrer, ein Ordensmann, sehr groß und in einem Alter, in dem er die Vaterrolle für die durch den Krieg Vaterlosen, für die Geflüchteten und Gestrandeten übernehmen konnte, und es blieb ihm auch gar nichts anderes übrig. Mit dem Zusammenbruch, wie die Kapitulation genannt wurde, war uns die Ordnung zusammengebrochen, die bis in den Mai 1945 gegolten hatte und die auch die Erwachsenen getragen hatte, zumindest die meisten der Eltern und Lehrer und Führer. Wir hatten den Tod in vielen Gestalten, in seinen schrecklichsten kennengelernt, hatten auf der Flucht, in den endlosen Trecks die anderen gesehen, die lebendigen Toten, die kaum noch laufen konnten, die uns gezeigt hatten, was wirklich geschehen war. Wir mußten nicht darüber sprechen. Wir hatten es alle gesehen, wir hatten es alle erlebt, und es steht uns bis heute vor Augen.

Wir wollten statt dessen darüber sprechen, wie wir nun leben sollten. So marschierten wir über die Trümmer, die von den Häusern um die Universität herum übriggeblieben waren, zu der Holzbaracke, in der die Ordensbrüder täglich eine Suppe kochten, eine nahrhafte Erbsensuppe ohne Fleisch, aber auch ohne Lebensmittelkarten. »Und der Suppe wegen«, sagte PW, »müßt ihr Sonntag nicht in die Kirche kommen.«

Wir kamen, weil er uns die Dinge wieder richtig einordnete. Wir merkten, was schon aus uns geworden war, auch wenn wir gedacht hatten, wir seien nur Kinder gewesen. Wir waren Nazikinder. Und was ist Schuld? Wie steht es mit denen, die bisher unsere Richter und Lehrer, unser Schild und Trost gewesen waren? Wenn nicht auf sie, auf wen ist dann Verlaß?

So sprachen wir über Gott und das Gewissen, und er sagte: »Ihr werdet es leichter haben, wenn ihr so weitermacht wie bisher. Wenn ihr nicht an Gott glaubt und euch kein Gewissen macht, sondern das Geld scheffelt, das man mit Trümmern verdienen kann.«

Das war meine Geschichte. In einem der Zimmer des Hauses, in dem ich untergekommen war, lebte ein vergnügter und immer hilfsbereiter junger Mann. Die Teppiche lagen bei ihm dreifach auf dem Fußboden, der Ofen stand winters stets in Glut, und manchmal kam er in mein Dachkämmerchen und legte mir ein paar Holzscheite oder Briketts vor die Tür. Einmal klopfte er an und bat: »Heben Sie mir das doch bitte auf! Man kann bei mir die Tür nicht richtig abschließen!«

Das war ein prall gefüllter Briefumschlag, und da meine Kammer wie eine Kiste vor ein Dachfenster gestülpt war, legte ich das Kuvert oben auf mein Dach, da wo auch mein Holzvorrat aufgeschichtet war. Und kurz darauf hörte ich unten unsere Vermieterin jammern: »Schon wieder die Polizei! Schon wieder eine Hausdurchsuchung! Ich weiß wirklich nicht, was ich davon halten soll!« Als aber unten wieder Ruhe herrschte, roch es bei dem jungen Mann bald köstlich nach Kaffee aus echten Bohnen.

Seine Idee war einfach. Er führte Schweden durch die zerstörte Stadt und zeigte ihnen Trümmergrundstücke, die er ihnen dann verkaufte, mit allen notwendigen Unterlagen, deren Formulare er sich gegen Schmuck und Zigaretten beschafft hatte. Er ließ sich nur in Siegerwährung bezahlen. Die Gier der Käufer war sein Geschäft. Und als die Polizei das nächste Mal zu ihm kam, lag kein einziger Teppich mehr in seinem Zimmer, und er war, wie die Vermieterin erleichtert sagte, auf Dienstreise.

Er hat, wie ich später hörte, in der amerikanischen Besatzungszone eine Fabrik mit den gerade in Mode kommenden Kunststoffen eröffnet und starb in den achtziger Jahren als hochgeachteter, wohltätiger und mit zahlreichen Orden dekorierter Millionär. Das gute Ende kannte ich damals noch nicht, aber die Geschichte des freundlichen Schwedenbetrügers wurde unsere exemplarische Novelle. Wir kehrten immer wieder zu ihr zurück, und sie führte uns von den zehn Geboten bis zu der Zeit, in der sich die Werte zu wandeln schienen, bis zum Jüngsten Gericht.

»Der Tod ist der Moment der Wahrheit«, sagte PW, »dann kann nichts mehr dazugetan oder geändert werden.« Aber das kümmerte uns nicht. Wir hatten gerade wieder angefangen zu leben, wir wollten nur wissen, wie wir es besser machen könnten als die Generation vor uns, mit deren Trümmern wir nun zurechtkommen mußten.

Und immer wieder die Erinnerung daran, wie knapp jeder von uns davongekommen war. Und immer wieder und in jedem die Frage: Warum hat mich der Tod verschont, gerade mich? Wie muß ich nun leben? Oder ist alles doch nur Zufall, und ich kann fröhlich wie ein Schwedenbetrüger leben?

Und immer wieder Gespräche über den Tod, die Auferstehung, Gottes Gerechtigkeit. Konnte man daran glauben? Nach dem, was geschehen war? Was wir erlebt und gesehen hatten?

»Glauben«, sagte PW, »das ist der Sprung in den reißenden Strom. Du glaubst, daß unter der Gischt ein fester Felsen ruht, deine Rettung. Du glaubst es, aber du weißt es nicht. Springst du?«

Ja – soll ich springen? Eine Frage, die mich ebenso verfolgte wie die andere: Vermißt du nicht deine Mutter? Das fragten mich die Erwachsenen immer, auch dann noch, als ich kein Kind mehr war.

Wie kann man jemanden vermissen, den man nie gekannt hat?

Wie kann einem der fehlen, der, wenn er nicht gestorben wäre, mein ganzes Leben, die ganze Familie verändert hätte? Ich vermißte niemanden, aber alle versuchten unerbittlich in mir die Erinnerung an eine unbekannte Tote wachzuhalten, weil sie doch deine Mutter war, weil sie so entzückend war, weil sie dir doch fehlen muß ...

So machte ich aus ihr eine Gestalt, in die mir keiner reinreden konnte und von der ich behaupten konnte, was mir paßte, eine Gestalt, die nichts mit den Geschichten zu tun hatte, die die Lebenden von ihr erzählten. Sie wurde mein Engel, mein Schutzengel, und meiner Großmutter war das recht. Mit einem Engel kann man gut erziehen. Aber mein Mutter-Engel zog sich aus dem Abbild der milden, mahnenden Gestalt mit dem erhobenen Zeigefinger zurück. Sie rauschte mir aus den Sturmwolken entgegen. Sie riß mich ins Gewitter, in die Blitze hinein, und von diesem Engel sprach ich nie.

Irgendwann hatte ich ihn vergessen. Aber nun, als ich auf dem Hin- und Heimweg zu Vorlesungen und ins Studentenheim über die Trümmer kletterte, fiel er mir wieder ein. Nachts war die Stadt sehr dunkel. Es gab noch keine neuen Straßenlaternen, manchmal herrschte Stromsperre, dann blieben auch die Fenster in den nicht zerstörten Häusern schwarz. In dieser Finsternis sah ich ihn wieder. Er tat gar nichts. Er war nur da. Ein Licht ohne Licht. Er blieb an einem Ort, der keine Bewegung kannte, und er blieb dennoch bei mir, eine kleine Weile.

Ich weiß nicht mehr, was ich dachte, aber ich erzählte PW davon, und er rief aus: »Du hast einen Boten Gottes gesehen! Wie habe ich Tag und Nacht darum gebetet, daß mir diese Gnade widerführe!«

Ich erschrak und schämte mich und widersprach, es sei doch nur mein Engel aus der Kinderzeit, vielleicht nur ein Traum, geboren aus der Sehnsucht nach etwas Unvorstellbarem, vielleicht eine Einbildung, eine Sinnestäuschung.

Nein, nein, es war der Bote des Herrn, der den Tod überwunden hat.

Der Engel blieb unser Geheimnis, und dann vergingen die Jahre, ich lebte in anderen Städten, PW wurde alt und zog in den Süden, wo sein Orden eine Art Altersheim gebaut hatte. Dort besuchte ich ihn, so oft ich in der Nähe war. Einen nun schlohweißen alten Mann, der bekümmert sagte: »Mir kommts so vor, als ob meine jungen Brüder gar nicht mehr an Gott glaubten.«

Und dann, bei meinem letzten Besuch: »Kind, ich bin so allein. Ich fürchte mich.«

»Nein«, sagte ich, »denken Sie doch an unseren Engel.«

Er lächelte, und was bleibt denn mir, die ich den Engel sah, den er verdient hätte, anderes als die Hoffnung, daß ihm dieser Engel im Augenblick des Todes die Hände entgegenstrecken möge!

Des Bruders Tod

Seit du warst hinweggenommen,
Treibt mich sehnliches Verlangen
Hin, wohin du bist gekommen.

Lieber! Lieber!
Möcht leis' zu dir hinüber!

Wie man schleicht mit leisem Tritte
Aus langweiliger Visite,
Drauß der liebste Freund gegangen.

JUSTINUS KERNER

Spital

Er war ein Freund meiner Freunde. Ich kannte ihn nur im Bett, nicht in den großen Sälen des Allgemeinen Krankenhauses, sondern in einem Extraraum.

»Schaun wir zuerst nach Gilbert?« hieß es immer, wenn wir etwas vorhatten, und dann gingen wir wie eine Hummelwolke in dem kargen Krankenhauszimmer nieder, schwatzten, lachten, umarmten den bleichen Freund, erzählten den neuesten Tratsch, küßten ihn flüchtig und schwirrten wieder davon.

Er hatte Jus studiert und war eines Tages nach einer Vorlesung zusammengebrochen. Hunger, dachten wir zuerst, denn Wien und das östliche Österreich waren noch von den Russen besetzt, Essen war knapp und das Geld, sich mehr als das Notwendigste zu kaufen, erst recht. Bei ihm war es aber nicht der Hunger, sondern das Herz, und die rettende Operation konnte damals nur in einer Spezialklinik in Stockholm gemacht werden. Also heiratete Gilbert eine der Ungarinnen, die ohne Schwierigkeiten über die Grenze nach Österreich wanderten, aber nun in der russischen Besatzungszone festsaßen. Er heiratete für so viel Geld, wie er für Flug und Operation brauchte, und nachdem er wieder in Wien gelandet war, ließ er sich von seiner Herz-Erretterin scheiden. Er lag aber bald wieder im Allgemeinen Krankenhaus, ich weiß nicht, wie oft er noch hatte heiraten müssen, aber es nützte nichts, nichts nützte ihm mehr. Wir kümmerten uns nicht um Ursache und Folgen seines Leidens. Wir waren grausam. »Death is so permanent«, stand auf Spruchbändern über den Straßen, auf denen die englischen und amerikanischen Soldaten wie die Teufel fuhren, Sieger, dem ewigwährenden Tod ebenso wie wir entronnen, ein Lebensgefühl, das einem wie ein Rausch im ganzen Leibe aufstieg, daß man schreien mußte, lachen, jauchzen, küssen, tanzen, auch mit einem leeren Ärmel, auch mit einer Beinprothese, tanzen im Mondlicht, und zwischen Tod und Leben gab es noch gar nichts. Krankheit? Krankheit zum Tode bei einem unseres Alters, bei einem Überlebenden, bei unserem Freund? Was sollte das?

Er war halt einer, der im Spital lag, eine Weile. Dauert bei ihm vielleicht länger, aber wird schon werden. Die Universität war in der Nähe, also schaute man alle naslang bei ihm vorbei, bei dem blassen, boshaften Freund, und wir sprachen nie über seine Krankheit, lachten nur über den Spaß mit den ungarischen Bräuten. Er war krank, so wie man eben manchmal krank wurde, aber wenn er endlich gesund sein würde, wollten wir gleich mit ihm nach Carnuntum, einen Ausflug zu den Ruinen der römischen Siedlung machen, »mit dem Radl ist es gar nicht weit, weißt du«. Und er nickte und sagte: »Und dann möchte ich in die Zauberflöte, aber nur mit dem Erich Kunz als Papageno«. Und wir lachten wie verrückt, weil der Erich Kunz sowieso immer den Papageno sang, und dann sagten wir: »Also dann Servus bis morgen«.

Manchmal besuchte ich ihn allein. Ich wohnte in der Nähe, es war also gar kein Umstand. Einmal kam ich abends, und er lag ganz flach in seinem Eisenbett, flach und leichenblaß.

»O verzeih«, sagte ich, »du willst schlafen.«

»Nein«, sagte er und umklammerte meine Hand, daß ich erschrak, »ich will nicht schlafen, ich will eben gar nicht schlafen. Ich will nicht, daß ich dann nicht mehr aufwache.«

Ich wußte nicht, was ich sagen sollte. Ich spürte die Todeskälte seiner Angst. Nach einer Weile sagte er: »Geh«, und ließ mich los, »du verstehst ja eh nichts.«

Ich liebte ihn nicht, und deshalb verstand ich wirklich nichts und ging. Wenn ich ihn geliebt hätte, wenn ich barmherziger, älter oder nicht mehr so trunken von Leben gewesen wäre, wäre ich geblieben, die ganze Nacht bis zu dem zähen Morgenlicht, in dem der nächste, gewonnene Tag dämmert, und hätte mit ihm gewacht.

Er lebte nicht mehr lange, und heute lebt kaum noch einer, der sich an ihn erinnern könnte.

Avalon

Gedenke mein! Ein Satz aus einem altmodischen Poesiealbum, von Vergißmeinnicht umkränzt. Ein Wunsch, eine flehentliche Bitte, die Sehnsucht und Angst in zwei Wörter faßt und von Anfang aller Zeiten an ausgestoßen wird.

Gedenke mein! Und die Söhne und Stammesgenossen begruben den Toten in der Erde und schichteten Steine darauf, daß die Menschen nach Tausenden von Jahren glaubten, hier seien Hünen begraben, Riesen der Vorzeit. Andere rammten Steinpfeiler senkrecht in den Boden, nebeneinander oder im Kreis, keiner kennt mehr ihr Geheimnis, aber auch heute bleiben die Menschen neben den magischen Menhiren stehen und spüren den stummen Ruf: Gedenke mein, auch wenn du gar nicht weißt, wer ich war.

Oder könnte ich das wissen, wenn ich die Zeichen nicht nur flüchtig betrachtete? Da gibt es im Norden des Kontinents, der später Europa hieß, Erdhügel, die Grabkammern aus Steinplatten verbergen, Totenstuben mit steinernen Bänken, auf denen die Leichen saßen, Männer und Frauen und Kinder, und langsam zu Gerippen wurden. Ist es eine Familie gewesen? Hat man alle Toten eines Dorfes in die Stube gesetzt, bis kein Platz mehr war oder bis der Stamm weiterzog? Aber mußten die Menschen nicht schon seßhaft sein, um solche steinernen Kammern, solche Erdhügel aufzubauen? Fester und dauerhafter als die eigentlichen Behausungen? Ja, wenn ich zwischen den Steinpfeilern stehe, gedenke ich dieser fernen Gestalten, stehe wie sie im Herbststurm einer öden Heide und fürchte den Tod.

Da gibt es noch andere Zeichen, manchmal im Lauf der Jahrtausende schon halb verborgen unter Sand und Gras: die vielen Kiesel der Endmoränen, die so zu einem Oval nebeneinandergelegt wurden, daß es wie der Umriß eines Langschiffs aussieht. Manchmal drängen sich kleine und große Schiffe aneinander – eine Flotte, die in die Ewigkeit segelt – wer weiß, vielleicht nach Avalon.

Jenseitsträume, aus den Mächten der Natur geboren und wieder in einer weiblichen Gestalt erstarrt: Hel heißt die Göttin der Unterwelt im Norden. Sie ist mit allen verwandt, deren Wut und Mordlust, Falschheit und Zerstörungslust man fürchten muß. Loki, der Betrüger und Lügner, war ihr Vater, ein heimtückisches Riesenweib ihre Mutter. Ihre Geschwister: die Midgardschlange, die sich wie ein Würgestrick um die Erde schlingt, und der Fenrirwolf, der einst im letzten Kampf der Götter gegen die Eisriesen Odin verschlingen wird.

Zu Beginn der Welt aber warf Odin die bleiche blaue Hel in die neunte Welt hinab, nach Niflheim, in die Nebelwelt, und dort sammelte sie alle jämmerlich im Alter oder an Krankheiten Gestorbenen. Ein hohes Gitter umschließt ihr Reich, zu dem nur eine einzige Brücke führt, über einen Fluß aus Schlamm und Eisen. Sie ist eine furchtbare Göttin, aus den Nachtmahren der Menschen geboren, die selber in der Nebelwelt gelebt haben, in Kälte und Eis der langen Wintermonate. Und im Heulen der Stürme mögen sie das Gebell des Höllenhundes gehört haben, der das Tor zu Hel bewacht. Hüte dich vor Hel! sagten sie, hüte dich vor Hel, der Ausgeburt unserer Todesängste!

Dieser Gestalt mußte man etwas entgegensetzen, sonst hätte niemand den Gedanken an den Tod ertragen. So entstand wie aus Träumen das überseeische Jenseits der Kelten, das zwischen Irland und Schottland auf den gestillten Wogen des Atlantiks lag, eine große Wasserebene, auf der Götter und Menschen friedlich zusammenlebten, die Fische wie einst die Lämmer weideten und Melodien lauschten, die niemals verstummten.

Es gibt aber auch Avalon, die selige Apfelinsel, oder ein ebenso freundliches Jenseits-Reich, das Sommerland. Und es gibt die Feen-Hügel, die Hohlen Berge, in die Höhlen führen oder Felsspalten oder alte Grabhügel. Dort leben die Feen, unsterbliche, mächtige Gestalten, Nachkommen der gefallenen Engel oder Kinder von Adams erster Frau Lilith, in Glück und Seligkeit, und wer den Weg zu ihnen findet, teilt ihr Leben und reitet mit den Heerscharen der Lüfte an den Vorabenden der vier großen Feuerfeste, die die neuen Jahreszeiten ankünden, zu den Menschen und kann sich mit ihnen vereinen.

Vielleicht war es gar kein Fluch, von den Elfen in ihr unterirdisches, unvergängliches Reich gelockt zu werden und dort für ewig auf smaragdgrünen Wiesen zu wandeln, in lieblicher Luft ohne Hagelsturm und Springfluten, ohne Hunger und Krankheiten? Das Feenreich, das Land hinter dem Zauberschleier ist in den Sagen und Märchen aufbewahrt und gilt als Kinderkram oder als Material für Fantasy-Romane.

Doch Mythen besitzen eine Kraft, die auch hinter diesen säkularisierten Formen wirkt und wartet, und so lesen die Heutigen nicht ohne Schauer die modernisierten Geschichten von Göttern und Zauberinnen im nordischen Nebel. So reisen sie nach Stonehenge und bewundern den Geist, der dies Monument entstehen ließ: Es gab mich. Ich lebte. Ich lebe weiter. Gedenke mein. Und sie reisen nach Italien, um die Fresken in den Tumuli, den Grabhäusern der Etrusker, zu betrachten, die schon ein halbes Jahrtausend vor dem Christentum einen überaus lebensvollen Umgang mit dem Tode pflegten. Heitere Menschen tanzen und tafeln auf diesen Malereien, unter Bäumen und bekränzt mit Blüten eines ewigen Sommers, behütet und begleitet von Tieren, von Löwen und Leoparden, von Vögeln, Stieren und Hunden. Die Schönheit der ganzen Schöpfung wird hier noch einmal beschworen, als ob sie erst jetzt, nach dem irdischen Tod, richtig erfaßt werden könnte.

Wer die Bilder des etruskischen Ehepaares auf dem Deckel des Sarkophages betrachtet, dem kann sich die Angst vor dem Tode lösen. Gelassen und friedlich liegen Mann und Frau nebeneinander, den Oberkörper aufgestützt, so daß sie dem Betrachter ins Antlitz blicken können. War unser Leben nicht schön? Hat uns die Liebe nicht untrennbar verbunden? So warten sie ruhig und voll Zuversicht auf das, was auf sie zukommt. Es gab uns. Wir lebten. Sei getrost und gedenke unser.

Wo?

Wo wird einst des Wandermüden
Letzte Ruhestätte sein?
Unter Palmen in dem Süden?
Unter Linden an dem Rhein?

Werd ich wo in einer Wüste
Eingescharrt von fremder Hand?
Oder ruh ich an der Küste
Eines Meeres in dem Sand?

Immerhin! Mich wird umgeben
Gotteshimmel, dort wie hier,
Und als Totenlampen schweben
Nachts die Sterne über mir.

HEINRICH HEINE

Das Kreuz

Mein Gott, das Kreuz. Wie kann man, werde ich gefragt, an so einen Gott glauben? Einen Gott am Kreuz. Ein Marteropfer. Ein gemordeter Gott! Blut und Verrat! »In diesem Zeichen wirst du siegen!«, und mit diesem Zeichen, dem Kreuz, sind die Christen jahrhundertelang in Kriege gezogen, haben Ungläubige abgeschlachtet, haben Frauen als Hexen verbrannt. »Und dieses Zeichen hängst du dir übers Bett, hängt ihr Kindern in den Klassenraum? Von diesem Zeichen leitest du das ab, was du deinen Glauben nennst? Das ist doch nichts als ein Todeskult, ein Todesgott.«

Wenn ich das höre, muß ich immer denken: Wie seltsam, daß ich niemals selber auf diese Idee gekommen bin.

Warum nicht? Weil man das Kreuz so oft sieht? Weil es dem Kind schon so selbstverständlich war und sich mit so viel anderem verband, ehe ich selber darüber nachdenken konnte? Weil wir das Kreuz so oft sehen, daß wir in unserer Routine gar nicht mehr darüber nachdenken? Weil das Kreuz erst im Lauf meines Lebens den Sinn enthüllte, den es vielleicht besitzt?

Ja, es ist wahr, das Kreuz ist ein Zeichen des Todes. Es ist das letzte Marterinstrument, an dem Jesus Christus, König der Juden, als Mensch gestorben ist, unter Qualen, nachdem er von Menschen im Stich gelassen und verraten worden war.

Unter Qualen – unmenschlichen Qualen, wie man sagt. Was heißt das? Unerträgliche Qualen, solche, die ein Mensch eigentlich gar nicht mehr aushalten kann? Qualen, die ihm von Unmenschen angetan wurden? Unmenschen in Uniform, die im Auftrag des Statthalters quälen, die nur ihrem Befehl folgen?

Das Kreuz und die Qual und der Tod und die Schuld. Woran bin ich schuld? An einem fremden Tod, mit dem ich nichts zu tun habe? Oder weil ich nicht widerstanden habe, nicht aufgestanden bin, um zu bekennen, daß ich zum Kreuz stehe?

Einmal, als ich noch studierte, sagten die Freunde: »Heuer wird die Auferstehungsmesse zum ersten Mal wieder in der Nacht gefeiert. Laßt uns doch alle miteinander nach Seckau fahren.«

Wir waren acht oder zehn, und wir stiegen Karfreitagabend in den Zug, passierten die russische und die englische Kontrolle, kamen in der Morgendämmerung an, stiegen den Berg zum Kloster hinauf, oben auf dem Vorgebirge lag noch Schnee, aber schon mürb, er funkelte und glitzerte in der aufgehenden Sonne, und aus der Klosterkirche tönte der Gesang der Mönche, die den Karsamstag begrüßten.

Zum Kloster gehörte ein Internat, in dem die meisten der Freunde die Matura, wie in Österreich Abitur heißt, gemacht hatten, und Kirche und Kloster standen im rechten Winkel zueinander. Ein Gasthof schloß den Platz mit seinen Bäumen, die jetzt noch kahl waren, behaglich ab. Die Mädchen zogen in den Gasthof, die Freunde in den Schultrakt, lagen vielleicht in ihren alten Betten. Am Nachmittag, als es schon wieder dämmrig wurde, kamen auf dem Kirchplatz die Bauern aus der Umgebung und aus den Berghöfen zusammen. Sie standen um den Holzstoß herum, jede Familie im neuen Gewand, vom Vater bis zum Jüngsten aus demselben Lodenballen genäht, die einen in Grau mit grüner Biese, die anderen Grün mit Schwarz oder Schwarz mit Grün. Immer einer der Buben trug ein Holzscheit an einem Drahtgalgen, und als das Osterfeuer loderte und gesegnet war, hielten sie das Scheit in die Flammen, warteten, bis es brannte, bis es Glut hatte, und liefen dann davon, über den nachtblauen

Schnee, über Berg und Tal, heim zu ihren Höfen, wo die Großmutter oder die Mutter vorm ausgefegten Loch des Herdes saß, der Karfreitag kalt geblieben war und nun auf die österliche Flamme wartete, mit der das Holz wieder angezündet, mit der der Herd wieder lebendig gemacht wurde.

Als alle Jungen wieder zurückgekehrt waren, ging es am Osterfeuer weiter: Weihe des Chrisams, des Salböls, Weihe des Wassers. Und dann saßen wir in der Kirche, die so leer und so tot war wie die Herde überall draußen auf den Bergen, saßen in der Kirche, die so finster war und so kalt wie das Grab.

Aber die Tür stand weit offen, und durch die Tür drang der erste zitternde Schein der Kerze, die am verlöschenden Feuer mit der Glut entzündet war. »Lumen Christi venit«, sang der Priester, »Gottes Licht kommt«, sang es dreimal, in der offenen Kirchentür, mitten in der Gemeinde, die an diesem Licht ihre Kerzen entzündet, und am Altar, am Kreuz, im Licht aller Kerzen, im Lichte Gottes, im Gedröhn der Glocken, die endlich wieder dröhnen dürfen, im Aufrauschen der Orgel: Christus ist erstanden, Christus ist wahrhaft erstanden. Das Kreuz ist leer, das Grab ist leer, der Tod ist überwunden.

Das sagt man, das glaubt man leicht, wenn man jung ist, wenn es gleich das Osterfrühstück gibt, geweihte Eier, geweihtes Brot, beim Licht der Osterkerzen, die brennend aus der Kirche heimgetragen werden sollen, damit der Segen nicht unterbrochen wird – klappt es? Wind und Regen und Gelächter, eine Kerze übersteht den Weg vielleicht, und von ihr gewinnen die anderen wieder ihr Licht, und es wird gegessen und getrunken, bis die Sonne aufgeht, die Ostersonne.

Später, Jahrzehnte später, nicht mehr jung, nicht gesund, lag ich lange im Spital. Über der Tür hing ein kleines Kreuz, nichts Besonderes, fromme Fabrikware für Klinikzimmer.

Aber es war das Kreuz, und ich dachte an andere Kreuze in

den goldenen Barockkirchen, dachte an das Kreuz auf dem Grab meines Vaters, dachte an die vielen Osternächte, dachte an Menschen, die an mich dachten. Zu Anfang konnte ich das Kreuz noch genau erkennen und über die falsche Bronze spotten. Dann nahm ich es nur noch als Schatten wahr, ein kleines Kreuz, unter dem ich immer wieder zum Operationssaal hindurchgefahren wurde, unter dem ich immer wieder in mein Zimmer geschoben wurde. Das merkte ich nicht, aber ich wußte es. Ich konnte nur noch sagen, nur noch denken: Herr, erbarme dich! und sagte es immer wieder. Psychologen werden von Selbstsuggestion sprechen, und jeder, der erklären will, hat die Wahl unter vielen Möglichkeiten. So viele, wie für die Arten und Weisen, das Kreuz zu sehen.

Wem ein Geliebtes stirbt,
dem ist es wie ein Traum,
die ersten Tage kommt er
zu sich selber kaum.
Wie er's ertragen soll,
kann er sich selbst nicht fragen;
und wenn er sich besinnt,
so hat er's schon ertragen.

FRIEDRICH RÜCKERT

Der Jahrmarktstod

Als der Zug einlief, sah sie ihn schon am Bahnsteig stehen, den Vetter, den sie lange nicht gesehen hatte, weil er keine Hunde mochte und immer gesagt hatte: »Besuch uns doch! Aber ohne deinen Fleischerhund!«

Das hatte sie gekränkt, aber unterdessen war der Fleischerhund, ein Rauhhaardackel, gestorben, und sie hatte sich gesagt: nicht noch einmal eine solche Bindung ... und begann zu reisen, »solange es noch geht«.

Nun also zum Vetter und seiner Frau, auch längst pensioniert. Er schwenkte die Arme, damit sie ihn auch gleich erkannte, und rief: »Komm schnell! Sie liegt im Sterben!« Er zog sie hinter sich her ins Auto, die Tränen strömten ihm übers Gesicht. »Sie hat sich noch so auf dich gefreut! Ich sollte dir nicht absagen, es würde ihr sicher bald wieder besser gehen. Was sie hat? Ach, das Übliche, und dann eine Zeit Ruhe und dann Metastasen. Sie schläft immer, aber wenn jemand ans Bett tritt –«

Als sie ans Bett trat, sah sie das wächserne Gesicht des Todes, sah den Schädel, der das lebendige Fleisch verdrängte, sah aber auch das schwache Lächeln auf den Lippen, die kein Wort mehr formen konnten, spürte den Druck der Hand, die auf ihrer Brust lag. Sie setzten sich an das Bett und schauten zu, wie der Atem die Brust immer weniger hob, immer weniger. Er weinte nicht mehr. Er wurde von einer nervösen Heiterkeit gepackt. Sie brauchten ihr die Augen nicht zu schließen, weil sie schon geschlossen waren.

»Und nun?« fragte er, »was nun?«

Er rief den Arzt an, den Notarzt, der den Tod zu bestätigen hatte, und als dieser kam und seine Aktentasche noch nicht einmal aufgeklappt hatte, sagte er: »Sie wissen doch, es ist Wochenende, da kostet es das Doppelte. Sonntagszuschlag.«

»Verschwinden Sie!« sagte der Vetter mit seiner schrecklich heiteren Stimme.

»Ich muß Sie doch darauf aufmerksam machen«, sagte der Arzt.

»Ja was? Soll ich sie bis Montag hier liegenlassen, um ein paar Mark zu sparen?«

Als der Arzt wieder gegangen war, sagte er nur: »Und nicht einmal ein Wort des Beileids.« Und dann: »Sie wollte nicht auf den Friedhof. Sie war hier nicht zu Hause, und ich auch nicht. Wir haben hier nur gewohnt. Wir haben beide eine anonyme Bestattung verfügt. Ich brauche nur anzurufen, dann wird sie abgeholt.«

»So ohne alles, ohne …«

»So ohne alles«, antwortete er. Es war aber das Wochenende der herbstlichen Jahrmärkte und Kirchweihen und Weinlesefeste, und die Feuerwehrleute hatten überall zu tun. »Das wird dauern«, sagte das Mädchen in der Telephonzentrale.

So zogen sie die Vorhänge zu, zündeten Kerzen an, streiften ihr den Ehering vom Finger, deckten sie mit einer weißen Decke zu und hielten Totenwache. Schweigend zuerst, dann begann er zu erzählen, immer noch mit seiner heiteren Stimme. Erinnerungen an den Anfang der Ehe. Gute Geschichten, bittere Geschichten. Reue-Geschichten, Familien-Anekdoten, alles ohne Tränen, wie von weit her.

Draußen wanderte die Sonne in den Westen. »Solltest du nicht noch einmal telephonieren?«

»Ja, gut, daß Sie anrufen!« sagte das Mädchen in der Telephonzentrale, »aber der eine Kollege gehört zur Feuerwehrkapelle, er schlägt die Pauke, da kann er einfach nicht weg. Wir haben nur eine einzige Pauke.«

»Und der andere?«

»Der hat es sicher vergessen, aber ich sag noch mal Bescheid.«

Als sie kamen, war es gerade noch hell, und sie fuhren den Wagen so, daß sich alle Nachbarn ins Fenster hängten. Sie klingelten Sturm, und als der Vetter öffnete, quoll ihm der Dunst von Jahrmarkt, Schweiß und Bier entgegen. Ein alter Mann und ein jüngerer Dicker. Er hatte eine zu kleine schwarze Jacke erwischt, die ihm kaum bis zu den Rippen reichte, und der Alte hatte seine nicht zugeknöpft.

»Herzliches Beileid auch«, sagten sie im Chor, und schon hatten sie die Trage mit einer Plane vors Bett gestellt, schon hatten sie den Körper auf die Plane gelegt und diese von allen Seiten zusammengeschlagen.

»Eine Erfrischung?«

»Nein, danke, wir müssen gleich wieder zurück, ich bin doch die Pauke!« und schon waren sie aus dem Haus, schon konnten die Nachbarn verfolgen, wie das schmale, lange Bündel auf der Bahre – »Trage, meine Dame! Wir sagen Trage und nicht Bahre!« – in das offene Maul des Feuerwehrwagens geschoben wurde. Klappe zu und ab, daß der Kies spritzte.

»Das Bett«, sagte der Vetter, »zieh ich morgen ab.« Und auch als sie dann zu trinken begannen, verlor er nichts von seiner Heiterkeit, war er der Gastgeber, wie er stets ein guter Gastgeber gewesen war, und fragte irgendwann in der Nacht: »Du bleibst doch noch und hilfst mir, ihre Sachen durchzusehen? Mit diesem Frauenzeugs kenn ich mich nicht aus.« Kein Wort über den Tod, kein Wort über die letzte Krankheit, die letzten Tage. Alles gelöscht.

Am nächsten Morgen drückte er ihr ein Schmuckstück in die Hand. »Nimms und denk an sie. Sie hat immer gewollt, daß du es bekommst.« Als sie ihn aber umarmen wollte, wehrte er heftig ab. »Keine Tränen!«

So blieb es ein Jahr lang, und dann noch ein Jahr. Heitere Ruhe, wann immer sie sich sahen oder trafen. Kein Wort über den Tod oder die Tote. Frauenbekanntschaften. »Ich bin doch noch nicht alt!« Enttäuschungen. »An sie kommt doch keiner heran.« Reisen. Lesen. Einsamkeit.

Dann ein Anruf, mitten in der Nacht. »Ich kann ohne sie nicht leben«, schluchzte er. »Mir bricht das Herz, jeden Tag wieder. Oh Gott, was soll ich nur machen!«

Im Lauf des Lebens lernt der Mensch, wie man mit der Liebe umgehen muß. Später beginnt er zu lernen, wie man mit dem Tod umgehen muß, und es gibt dafür genauso wenig Regeln wie für die Liebe. Als mein Großvater beerdigt wurde, brach meine italienische Großmutter in lautes Jammern und Wehklagen aus und raufte sich die Haare, die ihre Witwenhaube nicht bedeckten. Die Trauergäste wußten nicht, wohin sie schauen sollten, aber die Großmutter klagte und schluchzte während der ganzen Totenmesse, und danach putzte sie sich die Nase in ihr großes, spitzenbesetztes Trauertaschentuch und begab sich getrost zum Leichenschmaus. Sie hatte unter Choral und Orgelklang das erledigt, wozu der Vetter fast zwei Jahre gebraucht hatte.

Den Weg zum Tod finden, zum fremden und zum eigenen, auch wenn wir blind sind und blind sein wollen. Auch wenn wir an anderen sehen, wie lang dieser Weg sein kann und wie bitter. Etwas anderes bleibt uns ohnehin nicht übrig.

Das Tränenkrüglein

Das Totenhemdchen und das Tränenkrüglein – darum drehen sich alte Lehr-Märchen. Eins haben die Brüder Grimm in ihre Sammlung aufgenommen, das vom Kind, das nach seinem Tode immer wiederkehrt und an den Stellen sitzt und steht, wo es im Leben gesessen und gestanden hat. Als die Mutter es endlich anzusprechen wagte und fragte, warum es noch nicht im Himmel sei, antwortete das Kind: Weil mein Totenhemd von deinen Tränen immer wieder naß und so schwer wird, daß ich den Engeln nicht folgen kann.

Das Märchen vom Tränenkrüglein hat die gleiche Moral: die Last der Tränen bindet und beschwert. Erst wenn die Mutter nicht mehr um ihr Kind weint, wird es frei sein. Lösen und lassen. Die uralte Weisheit, daß die wahre Liebe sich erst beweist, wenn sie das Geliebte nicht an sich fesselt, sondern wenn sie es freiläßt.

Das ist nicht leicht, und deshalb gab es Zeremonien, die den Trauernden halfen. Die Erde half, die alte Mutter Erde, die uns alle trägt und uns dann wieder aufnimmt in ihren Schoß.

So dachte man, die Berührung mit der Erde mache den Übergang leichter, und bettete den Sterbenden auf den Erdboden und legte ihm etwas Erde auf die Brust.

Und wenn der Tote ins Grab gesenkt wurde, warf man ihm die drei Handvoll Erde nach, die ihn dort halten sollten, wo er jetzt lag. Er sollte nicht zurückkehren wollen, er war an seinem Ziel angelangt, und ein neuer Abschnitt begann, für ihn und für die Hinterbliebenen. Sie trugen ein anderes

Gewand als vor dem Todesfall, Kleider und Röcke von anderer Farbe, Bänder und Borten von anderer Art. So sah man, daß sie Trauernde waren, und achtete ihren Schmerz. Aber diese Zeit war bemessen, Trauer darf nicht ewig währen, sonst frißt sie die Seele auf.

Heute steht am Fuße vieler Todesanzeigen in den Tageszeitungen: »... Von Beileidsbesuchen wird gebeten, Abstand zu nehmen«. Sicher haben die Anzeigenden ihre Gründe, aber wenn sie wirklich darauf verzichten, daß ihnen Beileid gesagt und erwiesen wird, so verlieren sie das, was mit den drei Handvoll Erde auf Sarg oder Urne zusammenhängt. Wenn die Freunde und Nachbarn am Begräbnis teilnehmen, wenn sie danach den Leichenschmaus feiern, ob daheim oder im dörflichen Wirtshaus oder im städtischen Café, wenn sie sich gegenseitig erzählen, wer und wie der Verstorbene war, wenn sie gerührt schluchzen und wieder zu lachen beginnen, dann wirkt der alte Zauber der Gemeinschaft, der Kreis schließt aus und ein. Drinnen bist du gerettet, mögen draußen die Dämonen kreischen. Gerettet bedeutet nicht: schon wieder glücklich. Das weiß jeder im Kreis der Freunde, aber es bedeutet: Du bist nicht allein mit deiner Verzweiflung. So lehrte das Trauermahl, wie Lachen auf Tränen folgt, und mit ihm begann und beginnt das Trauerjahr. Bemiß die Zeit, bemiß den Schmerz.

Es gibt die Geschichte von dem Vater, dessen Trauer erst begann, als er beim Anblick der Photographie seines gefallenen Sohnes keinen Schmerz mehr empfand. Das war dann, wie er sagte, die Trauer, mit der man leben kann.

Unterricht

Jeder der geht
belehrt uns ein wenig
über uns selber.
Kostbarster Unterricht
an den Sterbebetten.
Alle Spiegel so klar
wie ein See nach großem Regen,
ehe der dunstige Tag
die Bilder wieder verwischt.

Nur einmal sterben sie für uns,
nie wieder.
Was wüßten wir je
ohne sie?
Ohne die sicheren Waagen
auf die wir gelegt sind
wenn wir verlassen werden.
Diese Waagen ohne die nichts
sein Gewicht hat.

Wir deren Worte sich verfehlen,
wir vergessen es.
Und sie?
Sie können die Lehre
nicht wiederholen.
Dein Tod oder meiner
der nächste Unterricht:
so hell, so deutlich,
daß es gleich dunkel wird.

HILDE DOMIN

Abschied

Als ich aus dem Zimmer des Arztes kam, nach der Abschlußuntersuchung, saß er im Wartezimmer. Ich dachte, er wolle mich abholen, aber er sagte: »Nein. Ich hab dasselbe wie du.«

Ein malignes Melanom. Bei mir hatte es plötzlich auf dem Schulterblatt gesessen, wie ein verrutschtes Schönheitspflaster aus einem anderen Jahrhundert, schwarz, klein, vollkommen rund. Die Stationsärztin sagte nach der Operation zum Abschied: »Da haben Sie Glück gehabt. Das streut sonst wie eine Pfefferbüchse.«

Bei ihm hatte es gestreut, und an die Operation schloß sich das an, auf das man heute vertraut. Er war längst pensioniert, und sein Hausarzt auch, und da dieser im Lauf der Jahrzehnte ein Freund geworden war, fuhr er ihn jeden Tag zur Bestrahlung, begleitete ihn zu jeder Infusion. »Du hast«, sagte er danach, »sicher noch ein, zwei gute Jahre. Nutze sie.«

Er nutzte sie. Er versöhnte sich mit dem einen Einzigen, mit dem er nicht in Frieden lebte. Er ordnete sein Werk, er reiste mit seiner Frau an die Orte, die er immer hatte sehen wollen, was er immer aufgeschoben oder geglaubt hatte, aufschieben zu müssen, weil er keine Zeit hatte. Jetzt nahm er sich die Zeit, die ihm noch blieb, und ging mit seiner Frau durch die Städte und Stätten seiner Kindheit und Jugend.

Dann schwand seine Lebenskraft. Seine Frau räumte das Haus um, ließ ein Spitalsbett so in sein Arbeitszimmer stellen, daß er durchs Fenster den Fluß sehen konnte, und sein

Freund, der Arzt, kam jeden Tag und versorgte ihn. Dann verlor sein Körper die Fähigkeit, sich gegen den eigenen Verfall zu wehren, und sein Arzt dosierte die Schmerzmittel so, daß er jeden Nachmittag klar und gegenwärtig war und sich an jedem Tag von einem seiner Freunde und Freundinnen verabschieden konnte. Seine Frau verstummte fast in dieser Zeit. Sie aß so wenig wie er oder gar nichts, aber sie hielt stand bis zum letzten Augenblick. Sie war so wenig alleingelassen wie er, und das war ihr Trost: diese Nähe, die am Totenbett keine Worte braucht.

Der Tod

Ach, es ist so dunkel in des Todes Kammer,
Tönt so traurig, wenn er sich bewegt
Und nun aufhebt seinen schweren Hammer
Und die Stunde schlägt.

MATTHIAS CLAUDIUS

Das Vaterherz

Als mein Vater alt geworden war, begann sein Herz langsamer zu schlagen. Das ist kein Problem mehr. Man schiebt dem, dessen Körper sich auf das Sterben vorzubereiten beginnt, einen kleinen Apparat unter die Brustmuskulatur, der eine Verbindung mit dem Herzmuskel hat, und schon wird das Herz in seinem Rhythmus gehalten.

Bei meinem Vater kam es nicht ganz wieder in Ordnung, eine Operation folgte der anderen, der Apparat funktionierte, aber die Beine des Patienten blieben lahm, und sein Lebenskreis beschränkte sich auf Bett und Rollstuhl. Einmal, während der letzten Sommerferien, ging ich an seinem Bett vorbei, und er sagte mit tiefem Gefühl: »Ich liebe dich!« Ich, die ich mich als Kind nach einem Vaterwort verzehrt hatte, blieb stehen. Er hatte die Augen geschlossen. Ich trat neben ihn, und er streckte seine Hand nach mir aus. »Bleib bei mir, Engue!« sagte er.

Das ist der Name meiner Mutter. War ich immer noch nicht ich? Sah ich, war ich der Toten so ähnlich?

Als ich das erste Mal, im Jahr nach dem Krieg, in Hamburg war, in der Stadt, in der meine Mutter als Schulkind und als junges Mädchen gelebt hatte, streifte ich zwischen Ödnis, Verwahrlosung und Trümmern durch die Gärten, in denen sie gespielt, vielleicht später mit meinem Vater auf dem Rasen gesessen und geraucht hatte. Da kam mir aus einem der Häuser ein Mann entgegen, blieb stehen, griff sich ans Herz und stammelte: »Engue, nein, das kann nicht sein ...«

Sie war mein Schatten – oder war ich der ihre? Aber da ich sie nicht kannte, war sie kein Verhängnis. Ich mußte nur lächeln und sagen: »Nein, nicht Engue. Die Tochter.« Damit war sie wieder nichts als tot, und ich trug meine eigenen Kleider.

Als aber mein Vater nach mir griff und meine Hand festhielt, sagte ich so, wie sie es wohl gesagt hätte: »Ja, ich bleibe bei dir.«

Da schlief er wieder ein. Er schlief viel, schlief sich langsam in den letzten Schlaf. »Hast du Angst vor dem Tode?« fragte ich ihn.

»Nein«, sagte er. Weiter nichts.

Habe ich, hatte ich Angst vor dem Tod? Als ich Jahrzehnte später im Krankenhaus lag, nach fünf oder sechs Operationen, und am Tropf hing, als die Medikamente oder die ausklingenden Narkosen im Hirn die Anarchie der Bilder ausbrechen ließen, wußte ich nicht, ob der Tod neben mir stand oder nur draußen im Flur lauschte, ob er schon eintreten sollte. Ich sah die merkwürdigsten Dinge, nicht wie einen Film, nicht wie im Traum, sondern wie in einer anderen Wirklichkeit. Es quoll von irgendwo herein, es blies sich auf, bis es das Zimmer erfüllte. Dahinter oder darunter blieb alles, wie es war, aber dazwischen gingen Menschen hin und her, die ich nicht kannte, vollführten Handlungen, die keinen Sinn besaßen. Sie quälten mich nicht, aber sie drangen in das bißchen Luft, das ich um mich hatte. Sie erstickten mich durch ihre Anwesenheit.

Ich schloß die Augen. Sie tanzten im Dunkel. Ich hörte auf zu atmen. Sie liefen durch Gärten und Straßen und lachten und schwangen sich auf Fahrräder und sausten im Kreise herum. Ich konnte nicht mehr lesen. Sie stiegen aus den Buchstaben hervor, schwammen wie Föten in beweglichen Beuteln über der offenen Buchseite und kreischten ohne einen Ton. Sie blieben, auch wenn ich das Buch zuschlug, auch wenn jemand in mein Zimmer trat. Auch wenn ich neu verpflastert wurde oder wenn die Drainage meiner Bauchwunde mit langen Kanülen gespült wurde. Sie schrien und lachten in ihrer Welt wie die Teufel, und ich war zu schwach, um mich zu wehren. Sie machten mir Angst, nicht vor dem Sterben, sondern vor dem, was mit meinem Körper geschah. Ich war nichts mehr. Er tobte. Ich lag nur da. Er kämpfte seine eigenen Kämpfe und holte sich seine Hilfstruppen aus der Hölle.

Ich hätte gar keine Zeit gehabt, Angst vor dem Sterben zu haben. Ich mußte versuchen nicht zu zerfallen, und ich lag da und wartete ab und spürte den unzerstörbaren Kern meines Ichs und hütete ihn. Nicht Engue. Ich.

Die Hand auf der Wand

Niemand weiß, wer er war, ob er alt oder jung gewesen ist, dem Tode nahe oder plötzlich von dessen Geheimnis ergriffen. Er stand in einer Höhle, vor einer Felswand, im Licht eines Kienspans. Er hat die Wand mit Tieren bemalt, um künftiges Jagdglück zu beschwören oder gewesenes zu preisen, Tiere, die beides bedeuteten, Nahrung und Feind, Leben und Tod. Und vielleicht dachte er: »Und ich? Wie lange noch, bis ich gestorben bin? Was wird bleiben von mir?« Und dann sah er seine andere Hand, mit der er sich am Fels abgestützt hatte, eine lebendige, kräftige Hand, und er fuhr mit seinem Farbstift um sie herum, die Finger leicht gespreizt, damit er bis hinunter zur Fingerwurzel kam.

Da ist nun die Hand am glatten Fels und sagt, so lange es ihn gibt: »Sieh – das bin ich! Das hab ich getan!«

Wurde der Tod erst dann ein Schmerz, als ein Mensch sich so als einzelnes Wesen empfand, daß er »ich« sagen konnte? »Ich habe meine Hand gemalt. Ich lasse sie bleiben, so wie die Tiere dort auf der Felswand bleiben, auch wenn wir sie längst verzehrt haben, auch wenn der Tod mich ereilt.« Oder ist es ihm unvorstellbar, daß das Leben ein Ende haben wird? Sieht er in den Schatten der Höhle die unsterblichen Geister von Bären und Mammuts und Jägern und weisen Frauen?

Irgendwann mochte das Bild dieser Schatten schärfer werden, und alle sahen Wotan durch die Sturmwolken des Winters reiten, hörten das Geheul seiner Hunde, und die Welt erstarb in Eis und Kälte und erwachte wieder in Blüten und

Blättern und linder Luft wie unter den sanften Händen eines Göttermädchens.

Alles kehrt wieder: neues Gras, neues Korn, neues Wild, und ich doch wohl auch? Sieh den Regenbogen! Er ist die Brücke zur Behausung der Götter! Da werde ich sein und bleiben –

Aber diese Götter zwischen Irland und der Ostsee waren wild und gewalttätig und wollten nur Krieger in ihrem Walhall, wo die Helden weiter zechen und auf den letzten Kampf der Götter und Weltriesen warten konnten. Von Frauen und Kindern keine Rede. Auch nicht von denen, die im Bette starben. Vergiß sie! Nur der Mann, der tapfer im Kampf gefallen ist, wird von den Walküren heimgeholt. So gibt es in der Edda, der Sammlung all jener Götter- und Menschengeschichten, den Spruch von dem, was bleibt: »... der Toten Tatenruhm«.

Das ist das gleiche wie die Hand auf der Wand und ist doch verschieden wie Krieg und Frieden. Es ist so: Der Mensch will sich rühmen, er will noch im Tode anerkannt sein. Doch wofür? Für ein Bild, das ich gemalt, oder für das Blut, das ich vergossen habe? Für die Freude, die mein Bild vielleicht anderen bereitet, oder für den Jammer und die Verzweiflung der Hinterbliebenen?

Bis 1945 wurde dieses Zitat aus der Edda oft in Fahnensprüchen, HJ-Schulungsheften, Reden an Gedenktagen und in Aufsätzen so trotzig beschworen wie in seiner Ursprungszeit. Es heißt oft, daß nach 1945 alles verdrängt und verleugnet worden sei, was auf verbrecherische Weise noch einmal dieser Toten Tatenruhm hatte beschwören sollen. Das mag in vielen Fällen so sein, und es könnte die gegenwärtige Gleichgültigkeit dem Tod gegenüber erklären, auch die Grausamkeit und Rohheit der Jungen, die viele so empört und erschreckt: Wer Väter und Mütter hatte, denen der Tod eines anderen – eines Schwächeren und, wie sie behaupteten, Minderwertigen – nicht in die Seele drang, der kann seinen Kindern nicht erklären, was die Würde des Lebens und des Todes ist.

Ich aber glaube, es hat mehr von denen gegeben, die niemals vergessen konnten, die immer wieder des Nachts in Träumen die Tode sahen, die sie verursacht hatten, die in Tränen aufschreckten und ihre Frauen mit ihrem Schrei aus dem Schlafe rissen.

Sieh – das warst du. Das hast du getan.

Der Tod der Geliebten

Er wußte nur vom Tod, was alle wissen:
daß er uns nimmt und in das Stumme stößt.
Als aber sie, nicht von ihm fortgerissen,
nein, leis aus seinen Augen ausgelöst,

hinüberglitt zu unbekannten Schatten,
und als er fühlte, daß sie drüben nun
wie einen Mond ihr Mädchenlächeln hatten
und ihre Weise wohlzutun:

da wurden ihm die Toten so bekannt,
als wäre er durch sie mit einem jeden
ganz nah verwandt; er ließ die andern reden

und glaubte nicht und nannte jenes Land
das gutgelegene, das immersüße –
und tastete es ab für ihre Füße.

RAINER MARIA RILKE

Busfahrt

Damals, in den Tagen der Kindheit, in der Zeit vor Penicillin und Cortison, vor Herzschrittmacher und Intensivstation, als der Arzt das Hörrohr auf die Brust setzte und dem dumpfen Klopfen lauschte, war das Sterben nicht leichter oder schrecklicher, schneller oder qualvoller, aber anders.

»Es ist jetzt soweit«, sagten sie, und die Nachbarn, die Freunde, die Familien saßen abwechselnd beisammen, redeten leise und warteten, bis es wirklich so weit war. Und wenn bei anderen die Qual begann und die Schmerzen durch nichts zu verscheuchen oder zu betäuben waren, kamen sie erst recht und machten kühle Umschläge, wechselten Verbände, legten die Hand auf Stirn oder Arm, sagten tröstend: »Nun dauert es nicht mehr lange!«, kochten Tee und scheuchten die Kinder aus dem Sterbezimmer. Und in der Küche, wo man das Stöhnen und die schon schwachen Schreie kaum noch hörte, sagte die Köchin: »Gott erbarme sich seiner armen Seele!« und setzte die Suppe für alle auf.

Solche Küchen gibt es nicht mehr. Sie lagen kühl im Keller, im Souterrain, hatten Morgensonne, einen Lieferanteneingang, gekachelte Wände und Herde, die mit Holz oder einem Brikett geheizt wurden. Sie waren ein Ort des Trostes, denn es gab immer einen Happen zu essen, ein Schnippelchen Wurst, eine Kante vom gerade fertiggebackenen Kuchen, eine noch sonnenwarme Tomate aus dem Garten, und wenn ein Kind zwischen den Düften aus Speisekammer und Topf und Tiegel saß und die Köchin betrachtete, unerschütterlich, im Leben und im Sterben erfahren, so war es in Sicherheit. Sie wußte, was zu welcher Gelegenheit gekocht werden mußte, und sie wußte es schon vorher. Sie hatte das Tablett mit der doppelten Fleischbrühe schon fertig, ehe jemand die Treppe heruntergelaufen kam, und sagte: »Wir wollen es noch einmal mit einem Schluck Fleischbrühe versuchen.«

Sie liebte uns Kinder, wir liebten sie, aber sie lebte ihr eigenes Leben und blieb in der allgemeinen Erregung des Sterbehauses gelassen und nicht ohne strengen Spott. Sie sagte banale Sätze wie: »Das ist der Weg, den wir alle gehen müssen«, oder: »Alles hat ein Ende, nur die Wurst hat zwei.« Oder: »Da seht ihrs mal, der Tod macht alle gleich.« Oder den geheimnisvollsten Satz von allen: »Das letzte Hemd hat keine Taschen.«

Aber wir saßen in der Küche und schauten zum Fenster hinaus in den grünen Garten und dachten: Nun sind bald die Mirabellen reif! Und konnten uns nicht vorstellen, was dort oben im Sterbezimmer geschah. Aber weil sich die Köchin nicht aufregte, wußten wir: Das ist eben so.

Später, viel später, als uns diejenigen, die gestorben waren, bitterlich fehlten, begriffen wir, was geschehen war. Später gab es auch keine Küche mehr, in die man sich hätte flüchten können, und während des Krieges hatte der Tod sein eigenes Gesicht.

Und abermals viel später, in der Zeit der mikroinvasiven Operationen und Herzlungenmaschinen, wußte man gar nicht mehr, wann das Sterben begann. So viele Medikamente und Behandlungstechniken hielten den hinfälligen Leib so lange beieinander, daß das Noch und das Schon zusammenfielen.

Der Vetter saß in seiner Wohnung im vierten Stock gefangen, ein alter Mann, nur mit Krücken noch imstande, sich vom Bett ins Bad zu schieben. »Aber weißt du, wenn der Jäger jetzt vor mir stünde und mir die Flinte in die Hand drücken wollte, ich würd ihm sagen: ›Kommen S' morgen wieder!‹«

Er hatte noch Freunde und Kusinen, die ihm kochten und seinen Rollstuhl ans Fenster schoben, das Tag und Nacht offenstand. Dort saß er am liebsten und schaute über und auf die Stadt, in der er fast sein ganzes Leben lang gelebt und gearbeitet hatte. Er sah sich satt, aber irgendwann machte er das Fenster zu und schloß die Augen.

Dem andern Freund aus der Kindheit waren alle schon gestorben, und er lag im Pflegeheim, allein in einem Zimmer, konnte sich nicht mehr bewegen und nicht mehr sprechen. Kollegen hatten ihm den Raum mit Photos und Gemälden aus seinem Elternhaus so eingerichtet, daß Vertrautes ihn in seinen wachen Momenten an etwas erinnern sollte, das ihn in der Einsamkeit des Pflegezimmers vielleicht zu trösten vermochte. Ihm vielleicht etwas vorgaukelte. Vielleicht einem Bruchstück seines verlöschenden Bewußtseins einen Sinn gab, ein Bild beschwor, das ihm mehr gehörte als die Halluzinationen, die seine Medikamente ihm vorgaukelten.

Bei meinem letzten Besuch lag er im Schlaf. Die noch bewegliche Hand zur Faust geballt auf der Brust. Ich saß eine Weile neben ihm und wartete, dann strich ich ihm über den Arm. Er öffnete die Faust, griff meine Hand und hielt sie fest. Ich erzählte ihm dies und jenes. Wir waren zusammen aufgewachsen, sein Großvater hatte meine Großmutter verehrt, und über die Eltern war die Freundschaft auf uns gekommen. Er hielt die Augen geschlossen, ich erzählte weiter, und dann breitete sich langsam ein Lächeln über das noch unveränderte Gesicht, und er schlug die Augen auf und schaute mich an. Jedesmal, wenn ich zu sprechen aufhörte, preßte er mir die Hand mit großer Kraft, und ich erzählte weiter, von der Zeit, die so tief in den Ablagerungsschichten unserer Hirne liegt, daß ich hoffen konnte, seine Erinnerung zu erreichen. Irgendwann wurde sein Blick leer, aber die Hand ließ nicht los. Doch ich redete nicht weiter. Ich saß stumm neben ihm, und das Herz wurde mir schwer.

Einer nach dem anderen starb in diesen Jahren, die

Freunde von früher. Jeder nahm ein Stück meiner eigenen Vergangenheit mit. Vorbei. Keiner weiß nun mehr, wer seine Tante Cilly war. Keiner kennt mehr den lateinischen Trinkspruch, den sein Großvater in einer Neujahrsnacht auf mich ausbrachte, und keiner weiß noch, was er für ein zehnjähriges Mädchen bedeutet hatte. Keiner weiß, wie schön das alte Backsteinhaus sommers inmitten der Buchen stand. Ach, die Laube, die von Pfeifenkraut überwuchert war – und wie sich deine Mutter mit winzigen gewellten Haarnadeln den Pony zu Locken steckte und wie elegant sie war, wenn sie morgens um halb elf in die Stadt ging, man ging einfach in die Stadt, weißt du noch? Vielleicht kaufte sie nur ein Briefchen Druckknöpfe oder ein Federgesteck für einen ihrer Hüte, aber sie ging in die Stadt, um andere zu treffen, um gesehen zu werden, um – was sie natürlich nie zugegeben hätte – zu genießen, wie elegant sie war, wieviel eleganter als alle anderen, die sie in der Stadt traf.

Sie sterben, und ein Teil meines eigenen Lebens wird damit ausgelöscht. Wen interessiert es schon, wenn ich von einem Freund erzähle, den ich immer jede Woche einmal an einer bestimmten Bushaltestelle traf, ohne daß wir uns verabredet hätten. Wir fuhren ein Stück weit zusammen, erzählten uns den neuesten Klatsch, den tiefsten Kummer, und dann stieg er zwei oder drei Haltestellen vor mir aus, und wir verabschiedeten uns immer mit den Worten: »Wir müssen uns aber wirklich wieder einmal richtig sehen!«, und niemand sonst im Bus begriff, warum wir über diesen Satz immer in haltloses Gelächter ausbrachen.

Jetzt sitze ich stumm in unserem Bus und schaue an unserer Haltestelle auf fremde Menschen.

Um wen trauere ich? Um ihn? Um mich? Zieht es mir das Herz zusammen, weil ich das Leben verliere, das ich mit den Toten noch hätte führen wollen? Ist meine Trauer eigensüchtig?

Ich höre meine Großmutter klagen: »Warum lebe ich denn

noch? Ich hab doch keinen mehr. Sie sind mir alle weggestorben.«

Damals dachte ich: Es ist doch ganz normal, daß die in deinem Alter sterben –

Oder die andere Klage: »Wozu lebe ich denn noch? Mein Leben hat doch keinen Sinn mehr.« Die ewige, verzehrende Frage, und als ich jünger war, gab ich zur Antwort: »Aber wir sind doch da, wir brauchen dich doch!«

Ich höre noch das »Ach –«, und heute weiß ich, was es bedeutet.

Aber helfen uns nicht wirklich die Kinder und die Kindeskinder? Ja, natürlich. Jeder alte Mensch blüht auf, wenn ein geliebtes Kind zu ihm kommt und für einen Augenblick mit der uralten Zauberkraft der Jugend den Tod vertreibt. Aber die Kinder leben ihr eigenes Leben. Wenn man ein guter Vater oder eine gute Mutter gewesen ist, hat man sie gerade darin bestärkt, und nun sind sie selbst anders als ich und die meines Alters. Sie waren meine Zukunft, aber ich brauche meine Vergangenheit, und die verliere ich, Freund für Freund, und ich merke bei jedem neuen Verlust, daß sie unersetzlich ist.

Sicher, das Leben beginnt jeden Morgen wieder, aber wie sehne ich mich nach den Toten!

Der Tod das ist die kühle Nacht,
Das Leben ist der schwüle Tag.
Es dunkelt schon, mich schläfert,
Der Tag hat mich müd gemacht.

Über mein Bett erhebt sich ein Baum,
Drin singt die junge Nachtigall;
Sie singt von lauter Liebe,
Ich hör es sogar im Traum.

HEINRICH HEINE

Eine Tochter

Sie ließ sich beurlauben und zog zu den Eltern in die mitteldeutsche Kleinstadt, als ihr Vater alt und so gebrechlich wurde, daß ihre Mutter ihn nicht mehr alleine versorgen konnte. Ehe das Gespräch darüber begann, ob man den Haushalt nicht lieber auflösen oder verändern sollte, starb der Vater höflich und rasch in der Nacht.

Doch als die Tochter die Beerdigung und alle schriftlichen Dinge für die vor Trauer gelähmte Mutter erledigt hatte und ihren Koffer wieder packen wollte, stand die Mutter im ehemaligen Elternschlafzimmer und sagte zu ihr: »Hören Sie, ich habe gar kein Geld. Können Sie mir ein paar Pfund leihen? Ich muß noch bei Harrods einkaufen!«

Die Tochter packte wieder aus, gab den Beruf auf und sich mit einer geringeren Rente zufrieden.

»Nein«, sagte sie, »nicht in ein Heim. Das ist wie ein Lager. Das hat Mutter nicht verdient, nicht noch einmal.«

Also begann im Hause die Zeit stillzustehen. Sie gingen noch manchmal aus, zum Essen in dem Lokal, in dem sie seit Jahren Gäste gewesen waren, aber eines Tages war die Mutter auf dem Weg vom Tisch zur Toilette verschwunden und wurde erst am Abend zerzaust, aber unverändert freundlich von einem Fremden heimgebracht.

»Wo warst du denn nur, Mutter?«

»Ja, wo warst du? Du warst weg, und der Mann sagte, ich solle einsteigen – ich hab mich gewehrt, und dann hat er mir die Handtasche geraubt.«

»Sie kniete oben im Wald mitten auf der Fahrbahn und

sammelte Bucheckern und wußte nicht, wo sie wohnte. Da habe ich in ihrer Handtasche nachgeschaut, und im Rabattbüchlein stand die Adresse.«

Ein andermal bekam sie im Restaurant einen Wutanfall. »Das Braune will ich nicht. Nana soll mir Haferbrei bringen.« Nana, die Kinderfrau, seit einem halben Jahrhundert unter der Erde.

»Ich kann«, sagte der Wirt, »das Essen auch zu Ihnen schicken. Ich weiß ja, was die Frau Professor mag.«

Und die Frau Professor nahm sich daheim das Gebiß aus dem Mund und weigerte sich, es jemals wieder anzuziehen.

»Aber Mutterchen! Schau in den Spiegel, wie du ohne Zähne aussiehst!«

»Ich singe lieber«, antwortete die Mutter und sang ein Kirchenlied nach dem anderen, alle Strophen, sang und summte, und die Tochter kochte Haferbrei. Die Mutter wurde bettlägerig, und die Tochter hängte ein Pappschild übers Bett: Es ist Tag, Mutter! Auf der Rückseite: Es ist Nacht, du mußt nicht aufstehen.

»Das dreh ich immer um, sonst ist ihr immer Tag, wenn sie die Augen aufschlägt, und ich kann keine Minute mehr schlafen.«

Wochen und Monate und Jahre. Immer enger der Kreis. »Wir singen jeden Morgen und jeden Abend. Und dann hat sie den alten Plüschhasen, mit dem ich früher gespielt habe. Dem sagen wir guten Morgen, und sie erzählt ihm, wie sie geschlafen hat, und dann fragt sie nach ihrer Kinderfrau. Sie ist wahrscheinlich fünf Jahre oder zehn. Ein Kind.«

Dem gebrechlichen Kind gab die Tochter eins ihrer alten Bilderbücher in die Hände, eins mit klaren, bunten Bildern, und die Mutter las die kurzen Sätze, ohne Nebensätze und andere Schwierigkeiten, und lachte über Frosch und Kröte. »Was meinst du, gibt Frosch von seiner Geburtstagstorte Kröte ab?«

»Aber ja!« erwiderte die Tochter, doch wenn der Arzt oder

die Pflegerin kam, warf sie eine Decke auf Hasen und Bilderbuch.

Monate und Jahre. Die Mutter konnte nicht mehr stehen und sehen. Die Mutter lag in Windeln. Die Mutter sang und summte, manchmal den ganzen Tag. Die Mutter wurde neunzig. Der Arzt fragte die Tochter: »Was wollen Sie? Sie sind doch versorgt!«

Ein Neffe kam einmal angereist. »Er wollte nur über Testamente sprechen und Vollmachten für unsere Konten haben. Er dachte, ich hätte auch schon den Verstand verloren.«

Außer ihm kam keiner aus der Familie. Sie schrieben einmal im Jahr zu den Geburtstagen und fragten: »Lebt deine Mutter immer noch?«

»Keiner hilft. Keiner hat Zeit, mich einmal ein oder zwei Wochen abzulösen. Was machst du denn später? Du hast keine Tochter, ich habe keine Tochter. Wie soll das mit uns werden? Wer wird uns zu Tode pflegen? Ich werde ja gezwungen, etwas zu nehmen. Ja, wenn die Leute Herz hätten, dann wäre das nicht nötig. Du siehst es ja: Die Meysel will sich auch umbringen. Ihre Mutter starb mit neunzig in ihrem Bett. Sie selber hat wohl kein Bett, in dem sie so sterben könnte. Man kann eben nicht damit rechnen, daß die Menschen Herz haben. Aber Menschen sind gar nicht mehr an Menschen interessiert, vielleicht weil man so viele Dinge kaufen kann, um sich toll zu amüsieren. Und dann noch das Fernsehen, das die Menschen von Menschen entfernt. Ja, wenn du sehr gut finanziell abgesichert bist, dann ist es in Ordnung. Aber das hat alles nichts damit zu tun, daß ich mich einfach verpflichtet fühle, mich Mutter gegenüber anständig zu benehmen.«

Das sind Sätze aus Telephongesprächen über die Jahre. Einmal traf ich zufällig bei einem Empfang einen von ihr einst hochgeschätzten Vetter und fragte ihn, ob er nicht wenigstens einmal anrufen wolle. »Sehen Sie nicht, daß Sie mich in einem wichtigen Gespräch gestört haben?« fuhr er mich an.

Einmal traf ich eine Nichte, die gar nicht so weit entfernt wohnte. Sie lachte: »Vater sagt, sie ist just crazy, stimmt's?« Man kann, wie sie sagte, eben nicht damit rechnen, daß die Menschen Herz haben.

»Und ich glaube nicht mehr an Gott. Ich glaube seit dem, was die Nazis den Juden angetan haben, nicht mehr an Gott. Und du siehst es ja: Diejenigen, die behaupten, an Gott zu glauben, handeln so, als ob es ihn nicht gäbe. Warum soll ich so tun als ob? Es gibt keinen, der sich um mich kümmert. Ich bin alt und allein. Ob ich lebe oder nicht, spielt nach Mutters Tod keine Rolle mehr. Ich bin alt und krank und allein. Ich will nicht in einem Krankenhaus an Schläuchen hängen und bis zum letzten Augenblick lebendig gehalten werden. Und hier, in meinen vier Wänden, würde man mich verkommen lassen. Mutter ist tot und beerdigt. Ich habe erledigt, was zu erledigen war, mich hält nichts mehr. Ich kann Schluß machen. Sag mir nur, wie ich sterben kann.«

Trostlose Töchter. Ihre Zahl ist groß. Wenn ihnen nach dem, was sie für die Pflege der Eltern bezahlen mußten, noch genug Geld und nach der anstrengenden Pflege genug Kraft und Beweglichkeit geblieben ist, wenn das Sozialamt nicht ein paar Zehntausender einkassiert hat, machen sie Gesellschaftsreisen, Bildungsreisen, lernen Bridge, gehen in Vorträge. Wenn sie ohne Stöcke und Krücken nicht mehr auskommen, buchen sie Kreuzfahrten. Oder gehen doch in ein Heim, in ein Heim mit angeschlossener Pflegeabteilung.

»Nein«, sagte sie, »das ist alles nur Zeitvertreib. Mein Leben ist gelebt, meine Arbeit ist getan. Ich will nicht in den Wartesaal des Todes. Ich will sterben.«

Noch lebt sie.

»Ja, aber nur, weil es nicht mehr diese Schlafmittel gibt, die man hamstert, bis man genug beisammen hatte, daß es wirklich reichte. Und die Leute keine Scherereien mehr mit einem haben.«

Was soll ich machen? Was soll ich ihr sagen? Ihr Arzt hat ihr in etwa gesagt, sie hätte keine Krankheit zum Tode.

»Noch nicht«, sagt sie und lacht, »also Wartesaal.«

Ach, es ist so dunkel in des Todes Kammer, ach, es war so lieblich in dem Garten um ihr Elternhaus, als wir Kinder waren. Vorn Rosenrabatten, Kletterrosen, die in dicken Büscheln vor der Sommerveranda blühten. Hinterm Haus ein Kiesweg mit Birnenspalier, der bis zu den Haselsträuchern am Zaun führte, auf der einen Seite ein Erdbeerbeet, eine Laube, auf der anderen Rasen, Kirsch- und Apfelbäume, eine Sandkiste, ein Winkel im Gebüsch, in dem wir unsere geheime Zuflucht hatten, und hinterm Zaun nur Feld und Wald. Das war vor dem Krieg, bevor die Erwachsenen sorgenvolle Gesichter machten, bevor auf den Rosenbeeten Lauch und Kartoffeln angebaut wurden, bevor alles anders wurde.

Nur der Garten blieb eine Weile das Paradies, das er gewesen war. Die Kirschen und die Birnen blühten wie immer, die Kletterrosen ließen ihre rosigen Blütenblätter auf den Lauch und die Kartoffeln regnen, auf dem Rasen tanzte das Wiesenschaumkraut.

Dann gab es keine Kinder mehr, die im Garten spielten, keine nächste Generation, und das Paradies begann zu sterben. Sein Tod ließ sich Zeit. Die Erdbeeren wuchsen aus und trugen nicht mehr. Die Sandkiste vermoderte. Die Birnen verfaulten am Zweig, die Kirschen im Rasen.

»Mutter konnte den Garten schon lange nicht mehr sehen, und ich – was soll ich da draußen? Ja, wenn ich Trost in der Natur fände. Aber was kann mich ein Eichhörnchen trösten, das sich meine Haselnüsse holt? Ich warte hier drinnen auf den Tod.«

Sitzt er, wie im Märchen, im Birnbaum? Kommt er den Feldweg entlang geschritten und schwingt sich über den

Zaun? Da, wo die Felder waren, stehen heute Häuser. Wo der Wald begann, das neue Klinikum. Der Tod ist nicht mehr Gevatter Tod, in aseptischen Räumen wird nicht von ihm gesprochen, er wird mit allen Mitteln der Kunst verscheucht.

»Der Garten ist tot, das Haus liegt im Sterben – ich tue nichts dagegen, ich habe auch nicht mehr die Kraft dazu. Einmal werde ich schon auch noch sterben.«

Zurufe

Einst werd ich liegen im Nirgend
bei einem Engel irgend.

PAUL KLEE

Intensivstation

Rechts waren die Fenster. Hinter ihnen stand die Nacht. Zwischen den Fenstern und meinem Bett lag eine Frau. Sie gab keinen Ton von sich. Unter der weißen Bettdecke in der Höhe ihres Magens glühte ein rotes Lämpchen. In unserer Ecke brannte kein Licht.

Links neben dem Kopfende meines Bettes war eine Tür. Manchmal kam eine Schwester herein, murmelte etwas und fuhr mir mit einem in rote Flüssigkeit getränkten Mulltupfer über die aufgesprungenen Lippen. Manchmal stöhnte ich und sagte: »Es tut so weh«, dann nickte sie und schaute auf die Leiste am Fußende meines Bettes und auf die Anzeigen der anderen Apparate und auf das, was aus einer verkehrtherum aufgehängten Flasche in den Schlauch tropfte, der in mir endete. Manchmal stellte sie etwas anders ein, manchmal gab sie mir in einem kleinen Schnapsglas ein paar Tropfen. Manchmal zogen mich die Qualbilder der abklingenden Betäubung wieder in jene Welt, die mich auch umfangen hielt, wenn ich die Augen aufriß. Wie ein Schwarm abziehender Schauspieler standen sie schrill und bunt zwischen mir und den weißen Wänden der Intensivstation. Sie verschwanden, wenn der Schmerz abklang, und ich sah, wie durch die andere Tür ein Bett hereingerollt und in die Ecke links von mir geschoben wurde. Ich sah die weiße Decke, ich sah den Kopf eines weißhaarigen Mannes.

Seine Augen waren geschlossen. Die Schwester stellte die notwendigen Verbindungen zu den Apparaten her, ein Pfleger oder Arzt stand vor der Leiste zu Füßen seines Bettes, blätterte in den Krankenpapieren, las etwas ab, trat neben die Schwester. Sie sprachen leise in dem nur durch ein Nachtlicht erhellten Dämmer, und dann zog die Schwester den Vorhang zwischen ihm und mir zu.

Ich schlief ein. Ich wachte auf. Kein menschlicher Laut, keine Bewegung, kein Atemzug. Nur das Röcheln und Zischen der Apparate, die für uns arbeiteten.

Ich schlief wieder ein. Ich wachte auf von einem kalten Rascheln. Der Vorhang war beiseite geschoben. Die Schwester hatte sich eine Gummischürze um ihren Kittel gebunden. Der alte Mann lag in einer Hängematte, nicht längs, sondern quer. Sie war aus einer starren Folie, und es rauschte und raschelte, wenn sie bewegt wurde. Die Schwester und zwei, drei andere standen um ihn herum. Die Schwester besprühte ihn mit einer Flüssigkeit, und es prasselte und planschte wie in einer Duschkabine, wenn das Wasser auf die Glaswand prallt. Oder war es wirklich Wasser? Warmes Wasser, das dampfte?

Einer stand zu Füßen des alten Mannes, verglich Daten, ein anderer trat hinzu. Sie standen stumm nebeneinander und warteten auf etwas.

Schlief ich ein, wachte ich wieder auf, oder wachte ich die ganze Zeit mit ihnen? Ich sah den Kopf des alten Mannes, sah seine geschlossenen Augen, und einer sagte: »Wir machen Schluß.«

»Ja«, antwortete die Schwester, »es hat keinen Sinn mehr.«

Dann zogen sie ihm die Folie unter dem Leib hervor, deckten ihn zu, auch das Gesicht, und die Schwester begann, die Kacheln der Wand und den Fußboden abzuwischen. Das roch nach gar nichts, aber es kann sein, daß der Geschmack der Schmerztropfen, die ich bekam, alle anderen Gerüche verdrängte.

Die Schwester band die Schürze ab, draußen schurrten Füße, draußen wurde leise gesprochen. Die Tür öffnete sich, und viele Ärzte traten ein und blieben zu Füßen des alten Mannes stehen. Morgenvisite. Was sie sagten, konnte ich nicht verstehen, aber dann kamen sie an mein Bett, blätterten in meinen Papieren, lasen meine Daten von den verschiedenen Anzeigetafeln ab, und einer sagte: »Na, Sie kommen aber durch.«

Als ich ins Krankenhaus gefahren war, brachen die ersten Knospen der japanischen Kirschen im Hof unter meinem Fenster auf, und als ich nach der zweiten Operation wieder den Flur entlanggehen konnte, standen alle Bäume vorm Krankenhaus in voller rosiger und weißer Blüte. Als ich jeden Morgen Treppensteigen übte, damit ich nach der Entlassung in unsere Wohnung im zweiten Stock käme, war das Laub der Bäume und Büsche im Hof und auf der Straße rot und golden.

Dazwischen lagen vier oder fünf weitere Operationen, lagen Tage und Nächte, in denen ich nur versuchte mich zusammenzuhalten, unter dem Schmerz hindurchzukommen, neben ihm zu atmen. Ich dachte nie an den Tod.

Später lag ich im Tunnel der Fieberträume, in völliger Finsternis. Aber am Ende dieses schwarzes Schachtes leuchtete ein Sommergarten. Weiße Sessel um einen Tisch, hohe Bäume ringsum, Blätterschatten auf Tellern und Tassen, blauer Himmel, Blumenbeete und Stauden, und ich spürte die frische, lebendige Luft auf meiner von Kanülen zerstochenen Haut und konnte mich nicht sattsehen und dachte: Da will ich sein. Da will ich sitzen, und alle sind um mich herum, und wir trinken Tee und essen Apfelkuchen.

Als ich entlassen wurde, als ich in einem Kurpark jeden Morgen Gehen übte, jeden Tag ein paar Schritte mehr, fuhr mir der Regenwind um die Ohren und ließ die Roßkastanien wie dunkle Augen im fahlen Rasen glänzen, und die weißen Stühle standen zusammengeklappt im Schuppen. Aber ich lebte, ich konnte mich nach den Roßkastanien bücken, ohne umzufallen, und ich kam auch wieder in die Höhe.

Davor aber hatte ich noch einmal auf der Intensivstation gelegen. Vielleicht war es Tag, vielleicht war es Nacht. Ich sah ein Gebirge, ich schwebte über den höchsten Gipfeln, über dem scharfen Grat, und er war nicht weiß von Firnschnee, sondern grau, schiefergrau, in einem Licht, das von nirgendwo kam, und ich sah Federflocken tanzen über dem scharfen Grat, ganz leise und leicht und langsam. Manchmal kam ein Aufwind von dieser Seite, manchmal von der anderen, und die Federflocken tanzten hin und her und nach vorn. Ich schaute ihnen zu, war so ruhig und so leicht wie sie und wußte, daß die eine Seite die des Todes und die andere die des Lebens war, und ich dachte, so ist das also, mal sehen, wie das ausgeht. Und ich schaute zu, wie die Federflocken hin und her tanzten.

So war das also, und ich lebe und habe keine Angst.

Blumen

Wir wandern und fahren oft weit, um unsere Friedhöfe zu erreichen, so weit, wie die Ägypter in die Wüste wandern mußten. Und selbst bei ihnen gab es schon jenes Gefühl, das ein Kind drängt, in den Schuhkarton mit der toten weißen Maus ein paar Gänseblümchen oder sonnengoldene Löwenzahnköpfe zu werfen. Dieses Gefühl wurde in vielen Spielarten und durch viele Sagen bestätigt. Als Hades einst die liebliche Persephone von ihrer Blütenwiese raubte und die Göttertochter zu sich in die Unterwelt riß, da hatte sie gerade Blumen gepflückt. Veilchen, sagt die eine Sage. Nach einer anderen waren es betäubend duftende weiße Narzissen.

Seitdem war das Veilchen die Blume der Proserpina, wie Persephone von den Römern genannt wurde. Sein dunkles Blütengewand stand für Trauer und Tod, und man pflanzte Veilchen aufs Grab. Die Narzissen aber, die Sophokles die Kranzblumen der Götter der Unterwelt nennt, wand sich Persephone bei Hades zum Kranz, und die ganze Unterwelt muß von dem betäubenden Duft dieses wahren Trauer- und Sehnsuchtskranzes erfüllt gewesen sein. So wanden auch die Griechen, die an Götter glaubten, ihren toten Freunden und Familienangehörigen Kränze aus Narzissen, wie ein Gruß an die Gattin des Hades, wie eine Bitte, den Verstorbenen freundlich bei sich zu empfangen.

Blumen gehören zum Totenkult, überall. Auf ägyptischen Reliefs tragen die toten Frauen eine Lotusblüte in der Hand und erquicken sich offensichtlich an ihrem Duft. Manchmal wurden Resedakränze auf die Mumien gelegt, um die Toten und die Götter zu erfreuen.

Auch jenseits der Alpen hat eine Totengöttin die Blumenmode bestimmt. Es kann aber auch der betäubende Duft gewesen sein, der im Lande der Barbaren den Holunder der dortigen Todesgöttin zuordnete. Ihr opferte man unter Holunderbüschen, denn Frau Holle, Herrin über Tod und Leben, wohnt im Holunderstrauch und – wer weiß – führt einen einst aus diesem Dasein heraus in ein anderes Land. So trug man der Leiche ein Kreuz aus Holunderholz voran, pflanzte es neben das Grab, machte aus dem Holundermark kleine Figuren, Diener des Todes, und setzte einen Holunderstrauch an die Hofmauer, um die Götter der Unterwelt gnädig zu stimmen, Frau Holle ein Haus zu bieten – und aus Blüten und reifen Beeren köstliche Nachspeisen und Säfte zuzubereiten.

Hatten die Ägypter Resedenkränze auf die Mumien gelegt, so heißt es bei Shakespeare: »Hemmt Eure Tränen; streuet Rosmarin auf diese schöne Leich' ...« Damals entsprach Rosmarin in und auf dem Sarg, als Bett und als Schmuck der allgemeinen Sitte. Rosmarinsträuße trugen diejenigen, die dem Sarge folgten, und warfen sie dann in die Grube. Rosmarin besitzt wie die Narzisse ein starkes Aroma und kann auch deshalb zur Friedhofsblume geworden sein. Aber vielleicht wirkte auch noch der alte Glaube, daß Rosmarin die Macht besäße, die Erinnerung zu stärken, auch daß Rosmarin für beides ein Sinnbild sei, für Freude und für Schmerz. So wand man für die glückliche Braut einen Rosmarinkranz, aber auch für den, der im Sarge lag.

Eine ähnliche Doppelrolle spielt die Rose. Blumen der Liebe für die Lebenden, schönste Liebesgabe für die Verstorbenen. In Hellas trug man Rosen an der Brust oder als Kranz im Haar als Symbol für die Kürze des Lebens, das so rasch dahinwelkt wie diese Blüten. Aber man schmückte auch die Urnen oder die Grabstelen mit Rosen, weil die Kugelform der Blüte an die Unsterblichkeit erinnerte, vollkommen in sich, ohne Anfang und Ende. Und man glaubte, daß den Toten der Duft der Rosen angenehm sei, streute die Blätter auch auf das Grab, damit sie die irdischen Reste, die es verbarg, vor Zerstörung schützten.

Auch im alten Rom wurde die Rose verehrt, und es gab ein Rosenfest für die Verstorbenen. Sie nannten es Rosalia, und den Tag, an dem es stattfand, dies rosationis. Sie feierten das Fest im April, Mai oder Juni, und reiche Römer hinterließen Legate, damit ihr Grab an diesen Tagen mit Rosen geschmückt wurde.

Heute sieht man auf den Friedhöfen am Mittelmeer, die in der Sommerhitze verdorren, üppige und zarte Rosenblüten aus bemalter Keramik an kleinen Haken an den Grabsteinen oder Columbarien hängen: Zeichen der Liebe, die jedem Wetter trotzen.

Rosen dienen auch in unserer Zeit dem ersten öffentlichen und allgemeinen Überschwang des Trauergefühls, der heftigen Anteilnahme einer ganzen Nation an ihren Toten.

Dem Attentat in Sarajewo, das Auslöser des Ersten Weltkriegs war und das Ende der Habsburger Monarchie herbeiführte, fielen im Juli 1914 der Erzherzog-Thronfolger Franz Ferdinand und seine Frau zum Opfer. Es war bekannt, daß beide Fürsten die Rose liebten, und schon wurde die Bahnstrecke nach Wien mit roten Rosen bestreut, schon kamen allein von Triest sieben Eisenbahnwaggons mit Blumen und Kränzen, schon dufteten alle Höfe der Burg nach Rosen und anderen Blumen des Hochsommers. Frauen steckten sich rote Rosen, mit Trauerflor verhüllt, an die Brust, und als beide Särge in der Schloßpfarrkirche von Artstetten aufgebahrt wurden, umgaben sie 1200 Kränze.

So ähnlich brandet das kollektive Mitgefühl ein halbes Jahrhundert nach dem nächsten Weltkrieg auf, wenn über das Fernsehen die Nachricht in alle Häuser dringt, daß ein Kind gemordet, daß eine englische Prinzessin bei einem Autounfall den Tod fand. Unbekannte legen Tausende von kleinen Blumensträußen vor dem Trauerhaus oder am Ort des Mordes nieder, und in ihrer Plastik- und Cellophanverpackung sehen sie schon aus wie Müll, welk und vergänglich, kein Duft, nur Fäule. Ein modernes Symbol des Todes in der Wegwerfgesellschaft, aber auch der Dank, der eigenen ohnmächtigen Sprachlosigkeit auf irgendeine Weise Ausdruck verleihen zu können.

Vergißmeinnicht reihen sich fast als letzte in die Girlande der Gedenkblumen. Nach der Schlacht von Waterloo sollen nach dem Bericht eines englischen Reisenden überall auf dem blutgetränkten Gelände Vergißmeinnicht aufgeblüht sein: Patriotismus und Sentimentalität sind eben auch Elemente des Totenkults, was nichts von der reinen Kraft der himmelblauen Frühlingsblume nimmt, uns an die Toten denken zu lassen und ihnen einen Strauß Vergißmeinnicht ans gerahmte Photo zu stellen.

Beginn des Endes

Ein Punkt nur ist es, kaum ein Schmerz,
Nur ein Gefühl, empfunden eben;
Und dennoch spricht es stets darein,
Und dennoch stört es dich zu leben.

Wenn du es Andern klagen willst,
So kannst du's nicht in Worte fassen;
Du sagst dir selber: Es ist nichts!
Und dennoch will es dich nicht lassen.

So seltsam fremd wird dir die Welt,
Und leis verlässt dich alles Hoffen,
Bis du es endlich, endlich weißt,
Daß dich des Todes Pfeil getroffen.

THEODOR STORM

Vorlesen

Sie war gerade pensioniert, hatte ihre alte, blinde Mutter zu Tode gepflegt, dachte, sie hätte nun ein paar Jahre für sich und für die Pläne, die man sich für die Zeit macht, in der man noch munter ist. Da wurde Krebs diagnostiziert.

»Ach«, sagte sie, »das schaffen wir doch!«

Sie schaffte es, aber dann wurde vielleicht ein Fehler bei der Nachsorge gemacht, war schließlich der Krebs schlauer als seine Jäger. Er brauchte seine Zeit im Verborgenen, aber dann war er wieder auf Röntgenbildern zu sehen.

»Na gut«, sagte sie, »das schaffen wir auch!«

Sie war Journalistin, und sie ging die Sache wie die Recherche für eine große Reportage an. Sie informierte sich. Was gibt es für Literatur? Was steht zur Verfügung? Wo sind die Zentren? Welcher Arzt macht was? Wagt was? Hat welche OP schon hundertmal durchgeführt?

Sie reiste. Sie ließ sich behandeln, als sei ihr Körper Gegenstand eines Experiments, das sie zu beschreiben hatte. Sie diskutierte mit den Ärzten, verglich und überprüfte ihr Wissen und ihre manuellen Geschicklichkeiten und vertraute sich denen an, deren Intelligenz und Geistesgegenwart der ihren glich. Sie verlor ihre Haare. Sie erlebte voll Entzücken, wie sie wieder wuchsen und sich dicht am Schädel in sanften, weichen Locken kräuselten. Sie ordnete in Haus und Leben, was zu ordnen war. Sie ging mit dem Schwiegersohn durch seinen Wald, der ihr früher wie jeder andere Wald vorgekommen war. »Jetzt verstehe ich ihn erst richtig«, sagte sie, »wie gut, daß ich das noch erlebt habe.«

Sie war nach Kriegsende halb verhungert und mit geschorenen Haaren in der Stadt gelandet, in der sie dann blieb, ein Flüchtling mit nichts als einem Paar ordentlicher Stiefel.

Wir hatten später viel miteinander gearbeitet, und als ich sie im Krankenhaus besuchte, das schließlich nicht mehr vermieden werden konnte, sagte sie: »Wir haben doch ein gutes Leben gehabt, trotz allem.«

Auf ihrem Nachttisch lag ein Buch, und ich sagte: »Ja, und jetzt hast du auch noch diese schöne Geschichte mitgebracht bekommen.«

»Ach«, antwortete sie, »ich kann es ja nicht lesen!«

»Warum nicht?«

Sie hob die Arme, dünn, die Hände weiß verschwollen. »Ich kann nichts mehr halten, ich bin nur bis Seite 12 gekommen.«

»Soll ich dir vorlesen?«

Und so las ich ihr vor, las jeden Nachmittag ein Stückchen, bis ich merkte, daß es ihr reichte. Las, als ob wir im Studio säßen und sie zuhörte und Regie führte. »Jetzt überspringe ich ein paar Seiten«, sagte ich, »das sind fast nur statistische Aufzählungen.«

»Gut«, erwiderte sie, »das kannst du alles streichen. Setz wieder mit der Handlung ein.«

Ich las, bis die Tage kamen, an denen ihr schon nach zwei, drei Sätzen die Augen zufielen. Ich schwieg dann und wartete. Sie wachte irgendwann wieder auf, sagte: »Lies weiter, Bille«, und ich las die nächsten drei Sätze und schwieg wieder und wartete.

So leicht ist sie dann ganz und gar eingeschlafen. Ihre Tochter war bei ihr und sah, wie ihre Seele den Körper verließ.

Was jäh den Menschen schwer gefallen,
Einst das Bitterste von allen:
Vermissen, was schon unser war,
Den Kranz verlieren aus dem Haar;
Nachdem man sterben sich gesehen,
Mit seiner eigenen Leiche gehen.

FRANZ GRILLPARZER

Klassentreffen

Klassentreffen der 75jährigen. Gespräche über die Kinder und Enkel. Berichte über den Tod des Mannes, wie das ihr Leben verändert, ob sie schon damit zurechtkommen.

Dann die Frage: Denkst du ans Sterben? Bereitest du dich auf den Tod vor?

»Oh ja, ich mache mein Testament.«

»Ich werfe die Photoalben von früher weg – wer schaut sich das nach mir schon noch an?«

»Ich gebe alles weg, was ich nicht mehr brauche. Warum sollen die Kinder auf meinen Tod warten? Dann sind sie selber alt.«

»Ich verbrenne meine alten Liebesbriefe. Ich will nicht, daß andere sie lesen.«

»Ja«, sagte eine, »ich bereite mich auf den Tod vor. Ich mache mich leicht.«

Erinnerungen an den ersten Toten, den sie gesehen hatten. Die verrenkte Gestalt nach einem Autounfall. Das blutige Fell des Hasen, der mit dem Kopf nach unten beim Wildbrethändler hing.

»Kannst du noch ein Huhn schlachten?«

Erinnerungen an den Tod der Großmutter. »Damals wurde die Leiche noch einen Tag lang auf der Tenne aufgebahrt, damit alle von ihr Abschied nehmen konnten, und dann wurde sie durchs ganze Dorf zum Friedhof gefahren. Ich war damals vielleicht vier. Das hat mich sehr beeindruckt, vor allem: Damals habe ich meinen Vater zum ersten Mal weinen sehen.«

Der letzte Brief

Damals, als man noch Briefe schrieb, sagte man vielleicht unverhüllter, was man vom Sterben, von seinem eigenen Tode dachte. Denn wenn ich vor dem leeren Briefblatt sitze, bin ich allein. Ich kann schreiben, was ich will und wie ich es will. Niemand hemmt mich, niemand fällt mir ins Wort. Manchmal geht den Schreibenden das Herz auf, und in der Stille ihrer Gedanken und Gefühle kommt das zutage, was sie sonst verborgen hielten. Angst vor dem Unbekannten, Verzweiflung über ein, wie er oder sie meint, verfehltes Leben, Reue über das, was sie mit Einsicht oder Liebe hätten besser machen können.

Ich kann auch die Zuversicht noch einmal in Worte fassen, kann mich selber stärken, und wenn ich heute, während ich dieses schreibe, darüber nachdenke, was ich meinen Kindern noch einmal sagen möchte, wenn ich den Tod nahen fühle, so wären es Worte des Dankes. Dank dafür, daß ich Krieg und Krankheiten lebendig überstanden habe. Demütiger Dank dafür, daß ich inmitten einer Welt voll Hunger, Haß und Jammer so leben durfte, wie ich gelebt habe. Unverdientes Glück, unbegreifliche Gnade. Und wenn ich etwas bereue, so dies, daß ich nicht genug für jene getan habe, die darben, während ich das Brot im Kasten habe, das Brot meiner Lebens vielleicht mit Schmerzen, aber ohne Not aufzehren kann.

Bei Liselotte von der Pfalz, Herzogin von Orléans und Schwägerin des Sonnenkönigs Ludwig XIV., waren es die Pfannkuchen. Ihre letzten Briefe aus St. Cloud an die

Schwester, Raugräfin Luise, nach Deutschland, sind voller Erinnerungen: »Ich weiß, daß ich nur geboren worden um zu sterben, also erwarte ich diese Zeit ohne Ungeduld und auch ohne Sorgen, bitte nur den Allmächtigen, wenn meine Stund wird kommen sein, mir ein seliges End zu verleihen ...« Und dann denkt sie an ihr Zuhause: »Ich bin in allem, auch im Essen und Trinken noch ganz deutsch, wie ich all mein Leben gewesen. Man kann hier keinen guten Pfannenkuchen machen, Milch und Butter seind nicht so gut als bei uns, haben keinen süßen Geschmack, seind wie Wasser. Die Kräuter seind auch nicht so gut hier als bei uns; die Erde ist nicht fett, sondern zu leicht und sandig; das macht die Kräuter, auch das Gras ohne Stärke, und das Vieh, so es ißt, kann also keine gute Milch geben, noch die Butter gut werden, noch die Pfannenkuchen ... Ich weiß noch alle Psalmen und geistlichen Lieder, so ich mein Leben gewußt, und singe sie in meiner Kammer, auch oft in der Kutsch ... Ich habe hoch vonnöten, daß mir Gott das Gedächtnis stärkt; denn ich fühle, daß mein Gedächtnis abscheulich abnimmt; ich kann keinen Namen behalten, glaube, daß ich bald meinen eigenen vergessen werde ...«

Diese unsentimentale Beobachtung der eigenen Hinfälligkeit klingt auch aus ihrem letzten Brief: »Herzallerliebste Luise, die Zeitung, so ich Euch heut von meiner Gesundheit zu sagen habe, wird Euch wohl gar nicht gefallen. Ich werde täglicher elender, möchte wohl ein schlimm End nehmen, aber ich bin gottlob zu allem bereit, bitte nur den Allmächtigen, mir Geduld zu verleihen in meinen großen Schmerzen, so ich Tag und Nacht ausstehen muß, sowohl durch meine erschreckliche Schwachheit, als auch sonst durch mein elendes Leben. Ob ich noch davonkommen werde, mag Gott wissen; die Zeit wirds lehren; aber ich bin noch nicht so übel gewesen als nun ... Da bringt man mir noch ein liebes Schreiben von Euch, vom 21. November, kann aber ohnmöglich drauf antworten, bin gar zu krank ... Aber,

aber erhält mir Gott das Leben bis übermorgen, werde ich antworten, nun aber nur sagen, daß ich Euch bis an mein End von Herzen lieb behalte. Elisabeth Charlotte.« Diesen Brief schrieb sie mit zitternder Hand am 3. Dezember 1722. Am 8. Dezember ist sie gestorben. Ein halbes Jahrhundert später schrieb eine andere alte Frau in Wien an ihre »liebste, beste, älteste Freundin«, die Gräfin Edling. »Liebstes Salerl, ... meine äußerliche Gesundheit scheint zwar gut; ich bin sehr fett, mehr als meine hochseligste Frau Mutter, auch rot, besonders seit den Blattern, aber die Füße, Brust, Augen gehen zugrunde; erstere sind sehr geschwollen, ich erwarte täglich das Aufbrechen. Die Augen sind schier gar hinweg; das Übelste ist, daß ich kein Glas noch Brillen brauchen kann. Die Brust fühlt, glaube ich, einen guten Anfang von Dampf, denn mit dem Atmen, auch ebenen Fußes und sogar im Liegen geht es schwer. Ich kann mich nicht beklagen; der Mensch muß aufhören. Fünfzig Jahre war ich ganz gesund; es ist billig, daß ich doch auch etwas empfinde; es ist eine Barmherzigkeit Gottes. Gottlob, meine Familie bringe ich recht hübsch voneinander ... Von sechzehn Kinder bleiben mir jetzt sechs im Hause; in ein paar Jahren nur drei, denn auf den Kaiser kann ich nicht Rechnung machen, weil er gern überall ist, nur nicht zu Hause ... Maria Theresia.« Sie mußte nicht mehr erleben, was aus ihrer Tochter Maria Antonia wurde, die als Marie Antoinette, als Königin von Frankreich, auf dem Schafott endete und diesem Tod gefaßt entgegenging. Vielleicht hat ihr das vor Augen gestanden, was man ihr vom Tode ihrer Mutter, der Kaiserin, berichtet hatte. Deren Ärzte in Wien brachten ihr damals alle möglichen Arzneien, doch sie wehrte alles ab und sagte: »Ich will nicht mit dem Tod um einige Minuten handeln.« Und als ihre Kammerfrau fragte, ob sie sich nicht niederlegen und schlafen wolle, antwortete sie: »Nein, ich will nicht schlafen, ich will wachend sterben, wachend meinem Schöpfer entgegengehen.«

Als sie dann, von Unruhe erfüllt, sich doch aufs Bett legen wollte und es kaum noch erreichte, sprang ihr Sohn Joseph herbei, stützte sie und fragte: »Liegen meine liebe Mutter nicht schlecht?«

»Ja«, erwiderte sie, »aber gut genug zum Sterben.«

Gespräch mit dem Wolf

Wo kommst du her?
Ich? Aus dem hohen Norden.
Wo gehst du hin?
Ich? In die tiefe Nacht.
Wen stellst du dar?
Ich? Bin ein Wolf geworden.
Wem stellst du nach?
Ich? Alles taugt zum Morden.
Wen frißt du auf?
Dich! Was hast du gedacht?

ROBERT GERNHARDT

Atemholen

Das Alter gibt es nicht mehr. Es heißt Aging und ist ein Werbewort geworden, wozu Anti-Aging-Programme gehören und Sätze wie: Wann ich alt werde, bestimme ich!

Inmitten einer Welt, in der es schon ein Glück ist, nicht zu verhungern und zu verdursten, schwebt unsere kleine Luxusinsel der reichen Länder, der reichen Leute, die sich so von allem abschotten, daß auch das Gewissen draußen bleibt. Die nur noch aus einem harten Kern der Selbstsucht bestehen. Meine Haut, meine Gelenke, mein Herz und Kreislauf, meine Mineralstoffbalance, meine kosmetische Korrektur von Bauch und Busen, meine Fitneß-Weekends, mein Venen-Training. Milliarden für den vergänglichen Leib, der so und so nur eine Weile hält und funktioniert, der gebrechlich und hinfällig wird.

Man kann seine Lebenszeit mit ständigen Korrekturversuchen verbringen, aber irgendwann wird sie knapp, und wer sie vergeudet, dem fehlt sie für die Atempause vor dem, was auf uns alle wartet.

»Ich mache jeden Morgen meine Atemübungen!« Meine, weil es Designer-Übungen sind, eigens entworfen für Frau X.

Wie lange macht sie Atemübungen? »Oh, ungefähr eine Viertelstunde.« Und wenn sie dabei an das dächte, was jenseits von Ich und Atem liegt? An die Gnade, mit zwei gesunden Lungenflügeln Atem schöpfen zu können? An das Glück, in einem friedlichen Garten, an einem Ort ohne UN-Truppen zu stehen, ohne Angst vor Bombenattentaten? Oder wenn sie einfach an das Geschenk des Lebens dächte, an die Freude am Leben?

Im Atemholen sind zweierlei Gnaden, hat Goethe gesagt. Welche? Warum nicht nachlesen, statt sich schon beim Müsli-Frühstück vom Fernsehen den Kopf vollmüllen und für eigene Gedanken verrammeln zu lassen. Aber wäre es nicht schrecklich, bei jedem Atemzug an den Tod zu denken? Schrecklich ist es, wenn man den Gedanken immer wieder ausweicht und dann plötzlich und unvermittelt schon gar nicht mehr denken kann, sondern davor steht, Stirn an Stirn mit dem Tod, mit dem eigenen Tod, mit dem der Geliebten. Ach, immer reißt er dir das Herz aus dem Leibe, reißt dich mitten entzwei, reißt dir den andern so vom Leibe, als sei es ein Stück von dir –

Aber wie will ich, wie kann ich das ertragen, wenn ich nicht darauf vorbereitet bin?

Und weigerte man mir
auch Sarg und Decke
was liegt mir dran?
Flaum oder Stein ist eins,
an welchem Flecke,
geht mich nichts an.

JOHANN GOTTFRIED SEUME

Das Grab in den Lüften

Wie einsam war das Land vor Theben. Wie dünn das Pfeifen des Windes, wenn er den Sand aufnahm und über den Leichnam wehen ließ. Wie einsam lag der tote Jüngling da.

Davon hörte ich zum ersten Mal als Schulkind im Stadttheater, denn man sieht diese Szene nicht. Man sieht nicht, wie der tote Bruder nackt vor den Mauern der Stadt liegt, erschlagen vom anderen Bruder im Kampf um die Herrschermacht. Nur der Bote stürzt auf die Bühne und erzählt vom Tod. Es war die »Antigone« von Friedrich Hölderlin, und in seiner Sprache wohnt ein Schauer, der die schlichten Kulissen einer Provinzbühne vergessen ließ. »Ungeheuer ist viel. Doch nichts / ungeheuerer als der Mensch ...« sagt der Chor der thebanischen Alten. Und sie müssen wahrhaft Ungeheures berichten, von Tod über Tod, von der Schuld der Schuldlosen, vom Verhängnis, also von dem, was die Götter über uns Menschen verhängt haben und was mit Tod und Jammer endet, sei es in unserem Sinne gerecht oder gerechtfertigt oder nicht.

Die Geschichte begann mit Ödipus, dem Königssohn, der ahnungslos seinen Vater erschlug und dann dessen Frau, seine Mutter, zur Gattin nahm. Er zeugte mit ihr zwei Söhne und zwei Töchter und herrschte jahrelang friedlich, weise und glücklich über sein Königreich Theben. Dann aber überfiel die Pest die Stadt, die Frauen wurden unfruchtbar. Ödipus befragte das Orakel und erfuhr, daß nichts besser würde, bevor nicht der Tod des Königs gerächt wäre.

Also beginnt Ödipus eine Untersuchung, die mit dem Beweis dessen endet, was der Schuldlose als Schuld akzeptieren muß, eine Schuld, die so groß ist, daß nur der Tod sie sühnen kann.

Iokaste, Ödipus' Mutter und Frau, erhängte sich. Ödipus blendete sich mit den Spangen ihres Gewandes und wurde verbannt, während Iokastes Bruder Kreon die Herrschaft über Theben übernimmt.

Unter den Schatten dieser Vergangenheit beginnt die Geschichte der Ödipus-Kinder. Als die Brüder, Eteokles und Polyneikes, volljährig wurden, stritten sie darum, wer König von Theben werden sollte, und einigten sich schließlich darauf, daß sie immer abwechselnd ein Jahr lang herrschen wollten. Eteokles machte den Anfang, und Polyneikes verließ so lange die Heimatstadt. Nach diesem ersten Jahr jedoch dachte Eteokles nicht daran, die Herrschaft abzugeben, und Polyneikes sammelte Krieger und seine besten Freunde, die berühmten »Sieben gegen Theben«, und zog gegen den Bruder.

Und wieder haben sich die aus der verfluchten Ödipus-Sippe den Tod eingehandelt. Sie geraten in einen Zweikampf, und der Bruder erschlägt den Bruder. Theben ist nun gänzlich ohne König, und Kreon, der alte Onkel, übernimmt abermals die Herrschaft. Wie viele Tode lasten nun auf ihm und den beiden überlebenden Töchtern, Antigone und Ismene. Welcher Schmerz, welche Verzweiflung. Und welche Unsicherheit. Denn so ein Trauerfall, solche Todesfälle waren Theben fremd. Wie sollte man sich nun verhalten, König, Familie und Thebaner? Welche Gesetze galten in dieser ungeheuren Lage? Hatte es Ödipus, hatten es seine Nachkommen verdient, vom Orakel zum Mord geführt zu werden? Wie hatte er von Anfang an so blind sein können? Wie konnten er und Iokaste alle Ahnungen und Verdachtsmomente verdrängen, um in aller Seelenruhe eine Familie zu sein? Warum haben sie nie über ihre Vergangenheit gesprochen und über den ungesühnten Tod des Vater-Königs?

Dies ist nicht die erste Mordgeschichte unserer Literatur, aber die erste, die als Kriminalfall endet. Ödipus will und muß wissen, was geschah. Er will die Wahrheit erfahren und kommt ihr wie ein Detektiv auf die Spur: Er, Ödipus selbst, ist der gesuchte Mörder. Was ist das nun für ihn, den König? Verhängnis der Götter? Oder verweist es auf eine andere, noch tiefere Schuld?

Iokaste hat als Ausweg nur den Tod gesehen. Mit ihm will sie sich aus dem Leben löschen, aus dem Spiel bringen. Sie ist beides, Opfer und Träger der Schuld, die sie weitergegeben hat an ihre Kinder. Sie hat den Tod weitergegeben.

Und so kommt es endlich zu dem toten Königssohn vor Theben, der nackt und bloß im Sande liegt. Kreon, Iokastes Bruder, ist ebenso einsam und allein mit der Entscheidung, wie er nun verfahren solle, damit kein Mensch und kein Gott aufs neue mißachtet würde, damit die Tode in Theben ein Ende haben.

Kreon ist vorsichtig und hält sich eng an den Buchstaben des Gesetzes. Da liegen zwei tote Königssöhne. Der eine hat das Amt des Herrschers ausgeübt, der andere gegen ihn gekämpft. So ist dieser der Rebell und damit schuldig. Zur Strafe verweigert ihm Kreon die Riten und Regeln der Bestattung, die Polyneikes den Weg in die Unterwelt zu Hades ermöglichen. So soll es sein, das ist die Lösung. Die Todesstrafe also dem, der Polyneikes beerdigt.

Doch nun tritt Antigone auf. Sie ist zu einem anderen Urteil gekommen als Kreon. Sie will dem Bruder das Grab bereiten, das allen gebührt, und als die Wächter sie dabei ertappen, wie sie den Toten mit Wasser reinigt und mit einer ersten Handvoll Erde bestäubt, wird sie ergriffen und vor Kreon geführt.

Nun beginnt eine neue Untersuchung im Schatten dieser Tode: Welche sittliche Ordnung gilt? Was wollen die Götter? Wer hat recht? Der Herrscher, der darauf besteht, daß ein Verruchter kein Grab verdient? Oder Antigone, die dagegensetzt: er »war kein Sklave / nein, der Bruder starb! und was er auch getan hat: / Der Totengott verlangt den gleichen Brauch!«

Kreons Einwand »Guten gleich sind Schlimme nicht zu nehmen« beantwortet Antigone mit der Frage: »Wer weiß, ob diese Regeln drunten heilig sind –«

Das aber kümmert Kreon nicht, das alles schiebt er beiseite. Er fordert den Tod für Antigone, die seiner Ordnung widerspricht, die seine Autorität gefährdet. Antigone nimmt das Urteil an, denn sie weiß, daß er nicht anders handeln kann. Ihr aber ist wichtiger, »daß denen drunten ich gefall, als hier / dort wohn ich ja für immer einst«.

Nun spielt es keine Rolle mehr, daß Kreon sich besinnt und das Todesurteil zurücknimmt. Antigone ist dem Hades schon zu nahe gewesen, hat zu lange nur an das Recht des Toten gedacht, als daß sie wieder weiterleben könnte, als sei nichts geschehen. Sie gibt sich aus Ehre und Liebe selbst den Tod.

In vielen Lesebüchern wurde Antigone als die Frau gepriesen, die dem Herrscher bis in den Tod widerstand. Dabei wird das übersehen, was vielleicht wichtiger ist: Ihre Worte und ihre unerschrockene Haltung ebenso wie ihr Handeln haben die demokratische Mehrheit, den Chor der Alten, und ihren Bräutigam auf ihre Seite gebracht. Und so wurde auch Kreon schließlich zur Erkenntnis des wahrhaft Guten gebracht und umgestimmt, wenn auch zu spät.

So lehrt der Tod das Leben, so entstehen um den Preis des Todes neue Gesetze, mildere, humanere, nach heutigem Wortgebrauch. Hölderlin läßt Antigone sagen: »Zum Hasse nicht, zur Liebe bin ich da.« Und wenn sie an den Bruder denkt, mit dem sie im Hades wiedervereint sein wird: »Lieb werd ich bei ihm liegen, bei dem Lieben / wenn Heiligs ich vollbracht ...«

Keine Angst also vor dem Tod und vor dem Richter, der unsere Taten abwägen wird. Wenn ich recht gelebt habe, wenn ich mich vom Tod um mich herum nicht habe schrekken lassen, wenn mich der drohende Tod nicht feige oder ängstlich werden ließ, wenn ich mich nicht durch eine beschwichtigende Gesetzesauslegung um die Ehre bringen ließ, so können mir die Götter nichts vorwerfen und nichts antun.

Es bleibt aber das Bild des toten Jünglings im Sand, unbestattet und nackt dem Tau der Nacht und der sengenden Sonne des Tages ausgesetzt, und es schiebt sich ein anderes Bild darüber: das der toten Kinder im Schnee neben den Landstraßen und Feldwegen, über die im Januar 45 die Karren und Leiterwagen der Flüchtenden rollten. Kleine Leichen im Schnee. Sie blieben zurück, auf der gefrorenen Erde, unbestattet, nur der Wind deckte sie zu mit einem Schleier aus Flocken. Und dann sehe ich die anderen Toten, verkohlt zwischen Häusertrümmern, verhungert am Stacheldrahtzaun, steifgefroren zwischen Feind und Freund in Schützengräben. Unbestattete Tote ohne die Ehre Antigones, ohne die Barmherzigkeit der Christen.

Trauerorte, Trauerschmuck

Als die Kinder in einem Vettern-Schloß auf dem Dachboden kramten, entdeckten sie nicht nur einen alten Aufnahmeapparat aus den Erfinderjahren der Photographie, sondern, in ein zerschlissenes Laken gewickelt, ein paar flache Kissen. Roßhaarfüllung, bestickter Stramin. Auf allen das gleiche Muster, ein Kreuz und drumherum in Fraktur die Wörter Tod und Auferstehung.

»Da schau her«, sagte der Vetter, »daß die noch nicht von den Motten zerfressen sind. Polster für die Kirchenbank. Alle von der Großtante gestickt, der Obersthofmarschallin.«

So weiß man, was Hofdamen gemacht haben, wenn sie nicht mit der Kaiserin hofhalten mußten. Sie dachten an die Ewigkeit und produzierten ein gesticktes Memento mori für die Knie. Diese Polster sind nicht der einzige fromme Kitsch, in dem die Worte des Ostermorgens erstarrt sind: »Das Grab ist leer / der Held erwacht / der Heiland ist erstanden«, wie es im Kirchenlied aus dem Jahre 1777 heißt, das zu der triumphierenden Frage führt: »Wo ist dein Sieg, oh bittrer Tod?«

Ganze Friedhöfe sind voll von Figuren und Steinen, die diesen Sieg beschwören: Engel in jeglicher Größe und Gestalt aus kostbarem Marmor oder fabrikmäßigem Serien-Gips, mit erhobenen Flügeln und Händen, mit Kelchen und Palmenzweigen. Alle aber zeigen diese ernste Lieblichkeit, die zu einem gütigen, vergebenden Gott mit schönem langem Bart gehört, an den keiner mehr glaubt. Sie sind Landmarken im Gräberwald: Beim Engel mit dem Stern im Haar links um die Ecke –, so findet man sich zurecht.

Steine zeigen dafür oft merkwürdige Symbole und Reliefs, deren Häßlichkeit jeden Kitsch übertrifft und vielleicht von der Unsicherheit der Stein-Besteller zeugt. Immerhin, auch sie sind Landmarken in Friedhofsbereichen ohne christliche Symbolik, meist ausgestattet mit wetterfester Schrift, die wenigstens die Namen der Toten so lange der Vergänglichkeit und dem Vergessen entreißen, wie es den Verträgen mit der Friedhofsverwaltung entspricht. Nur Berühmte haben dauerhaftere Grabsteine, und berühmte Friedhöfe, die viele Namhafte beherbergen, lassen aus dem Kitsch der frommen Denkungsart eine Touristenattraktion werden. Und aus der Ruhe der Toten nur ein Wort. Quer durch den Friedhof führt der Abkürzungsweg zum Villenvorort, und die Stadt veranstaltet Führungen zu historisch und architektonisch interessanten Grabstellen, bei denen die Teilnehmer die nicht interessanten Gräber achtlos zertrampeln.

Der größte und schönste Friedhof der Stadt, in der ich lebe, war eine Zeitlang dafür berüchtigt, daß sich Diebe die Handtaschen schnappten, die alte und möglichst gebrechliche Witwen auf der Rasenbank am Gattengrab abgestellt hatten, während sie die Gießkanne am Brunnen füllten. Bänke und Gießkannen und ewige Lichter und kleine Harken und tütenartige Erdvasen und Reinigungsspray für vermooste Grabsteine und Wedel und Weihwassernäpfe, Schnecken-Ex und auswechselbare blumenbesteckte Rollrasen – eine ganze Industrie arbeitet für die Pflege der Vergänglichkeit, und nachmittags bringen die Busse die alten Frauen mit den Plastiktüten voll Klein-Gartengerät herbei, und man kennt den Nachbarn rechts und links des eigenen Grabes, und drüben, auf der anderen Fahrbahnseite gibt es kolossale Torten und ganz ordentlichen Kaffee – »Nein, nein, so stark, das vertrag ich ja längst nicht mehr« –, und man sitzt gemütlich beisammen und redet noch ein wenig, und dann ist auch dieser Nachmittag vorbei.

»Flaum oder Stein ist eins, / an welchem Flecke / geht mich

nichts an.« Die Hinterbliebenen aber sehr wohl. Im Park des Steinschen Schlosses in Nassau standen – und stehen vielleicht heute noch – drei oder vier steinerne Urnen aus der Zeit der Empfindsamkeit, jede verziert mit Spruch oder Vers. Wer durch den Park wandelte, blieb vor den Urnen stehen und bekam ein Wort der Erklärung: wer, wann, wie alt geworden, wie verwandt und verschwägert.

Eine Urne zum Gedenken, ganz in der Nähe. Das ist der Tod im Leben. So wie auf alten Kirchhöfen die Grabstellen um die Kirche herumliegen, so daß man sie jeden Sonntag besuchen kann, ein Unkraut zupfen, ein frisches Nelkenstöckchen einsetzen, der Toten und des Todes gedenken. Tod und Auferstehung.

»Nein, dazu brauche ich kein Grab«, sagen viele, »ich denke ohnehin an sie oder an ihn.«

Das stimmt wohl, aber das Merkwürdige ist: Auf dem Friedhof denkt man anders über den Tod nach, denkt vielleicht auch daran, was der Tod dieses bestimmten Menschen für einen selbst bedeutet hat. Was hab ich versäumt? Wo habe ich mich versagt? Wann habe ich ihn oder sie im Stich gelassen? Hat mich das verändert? Gieße ich jetzt nur Blumen oder versuche ich etwas an anderen gut zu machen? Sage ich anderen: Ach, laß doch den Streit und die Eigensucht! Nutze den Tag. Vergeudet nicht das Leben in kleiner Münze!

Manche, so erzählen sie, reden mit ihren Toten, hatten am Anfang das starke Gefühl einer Gegenwart, mußten sich überwinden, den loszulassen, der ihnen noch so gegenwärtig erschien.

Alles braucht seine Zeit, und der Tod ist für die Hinterbliebenen nicht das Ende. Der Tod läßt nur den einen verstummen, und wenn der andere das Gespräch noch nicht abbrechen kann, so ist ein Grab kein schlechter Ort für Besinnung, ist ein verschwiegener Ort für die Klagen der Reue, für die Tränen der Verzweiflung, der bitteren Einsamkeit, des unstillbaren Schmerzes. Aber auch der Sehnsucht nach dem gewesenen Glück.

Am Grab kann man weinen, ohne von andern gesehen und angestarrt zu werden, ohne die unbedacht herzlosen Sätze des Trostes hören zu müssen: »Was hast du denn bloß? Er hat doch ein schönes Alter erreicht! Und so einen schönen Tod gehabt! Wer weiß, was noch auf ihn gewartet hätte.« Oder: »Du hast doch die Kinder und uns, deine Freunde – da mußt du doch dankbar sein.«

Am Grab kann man weinen, und wenns jemand sieht, so spielt es keine Rolle. Gräber sind Orte für Tränen.

Gärten

Das Paradies ist ein Garten gewesen, in dem es keine Jahreszeiten gab, kein Welken, keine Vergänglichkeit, keinen Tod. Die Parsen glaubten zur Zeit Zoroasters, der eine Religion des guten und des bösen Prinzips entwarf, daß diese und die ihnen verwandten Geister die ganze Welt in zwei Teile schneiden. Daß die Menschen dazwischen stehen und sich entscheiden müssen, ob sie sich auf die Seite der Guten oder der Bösen stellen wollen.

Nach dem Tode aber müssen alle über eine Brücke wandern, dort werden ihre guten und bösen Taten gegeneinander abgewogen, und wenn die guten Taten überwiegen, wartet das Paradies.

Gut und Böse, die Brücke, das Gericht – immer wiederkehrende Vorstellungen. Aber nun danach: das Paradies.

Er, der Garten Eden, wurde das Modell für alle Gärten, die damals bei Ur und Babylon im Wüstensand erschaffen wurden. Duftende Blüten, schattenspendende Bäume, Vögel wie Himmelsboten, Springbrunnen, kühles, perlendes, reines Wasser wie aus den vier Strömen des Garten Eden.

Auch nach dem Koran besteht das Glück des künftigen Lebens darin, in einem Garten zu ruhen. Immer wieder wurde dieser Traum beschworen. In den Sandstürmen, in der Dürre der östlichen Wüsten war alles paradiesisch, was den Schmachtenden labte, und welch ein Sinnbild war das! So wie Mensch und Tier unter der höllischen Hitze vergehen und nach Wasser verlangen, so dürstet der Gläubige nach Gott. Und Gott bietet uns im Paradies ewige selige Erquikkung und Kühle in Hülle und Fülle. Und dazu die Engel als Gesellen. Aber: nur ein himmlisches Paradies? Kann es nicht auch eins auf Erden geben?

Es heißt, daß in jedem irdischen Garten die Erinnerung an das verlorene Paradies erhalten bleibt, und so wie die Paradiesgärten im Zweistromland von Mauern umgeben waren, die sie vor den Sandstürmen schützen sollten, so daß sie Blütenfestungen in der Wüste glichen, wie ein Stück Himmel, das auf die Erde herabgefallen ist, so müssen die Grabgärten in Ägyptens Sanddünen einer Fata Morgana geähnelt haben. Die Totengöttin, glaubte man nämlich, erwartete die Seelen unter einem schattigen Baum und begrüßte sie mit dessen saftigen Früchten. Nach diesem Bilde ließen sich die Herrscher und die Mächtigen am Rande der Wüste Gartengräber anlegen, die den einen einzigen Baum der Totengöttin weit übertrafen. In Theben, so erzählt die Sage, wuchs auf einem Grabplatz ein wahrer Wald aus Mimosen und Granatäpfeln, Nußbäumen und Weinstöcken, Sykomoren und über hundert Dattelpalmen. »Möge ich wandeln am Ufer meines Teiches Tag für Tag ewiglich« steht an einem Grabe, »möge meine Seele auf den Ästen der Bäume in meinem Grabgarten sitzen, den ich mir angelegt habe, möge ich mich tagtäglich erfrischen unter meiner Sykomore.«

Alles, was jenseits des Todes geschieht, in einem Lande jenseits der Zeit, hängt mit den Göttern zusammen, die auch das Unbegreifliche beherrschen. Und ebenso hat alles, was auf Erden geschieht, mit den Göttlichen zu tun, in Hellas oft mit ihren so menschlichen Schwächen. So beginnt dort die Geschichte unserer Friedhofsgärten mit Orpheus, dessen mächtigem Gesang Bäume und Steine gehorchten, der sein Lied von Apoll und den Musen gelernt und Eurydike zur Frau genommen hatte. Doch sie starb nach einem Schlangenbiß, kam in die Unterwelt, und Orpheus sang und bat so leidenschaftlich um sie, daß Hades, der König der Schatten, ihm erlaubte, seine Frau wieder aus seinem Reich herauszuführen – doch er stellte eine Bedingung. Orpheus dürfe sich erst nach ihr umschauen, wenn sie das Tageslicht erreicht hätten. Eurydike aber schmerzte nach dem Schlangenbiß der Fuß, sie mußte langsam gehen, strauchelte – und Orpheus schaute sich erschrocken und voll Liebe um und verlor seine Frau ein zweites Mal. Keiner hat Orpheus je singen gehört, aber das klagende »Ach, ich habe sie verloren –« aus der Barockoper sagt, was wohl jeder trauernde Liebende empfindet: »Ach, mein Glück ging hin mit ihr!«

So schweifte Orpheus durch die Haine und Auen, ruhelos, verzweifelt, und Ovid erzählt, wie Orpheus schließlich erschöpft auf einem Hügel rastete, vor sich eine vollkommen flache Landschaft. Nur Gras grünte hier, nichts spendete kühlen Schatten. So rief Orpheus selber den Schatten, rief die Bäume herbei: Eiche, Pappel, Wintereiche mit hoher Krone, Linde, Buche, den jungfräulichen Lorbeer, Haselstauden, Esche, die als Speerschaft dient, Tanne, Steineiche, die feste Platane, Ahorn, Salweiden, Lotus, immergrünen Buchsbaum, Tamarisken, die zweifarbige Myrte, Schneeball, Efeu, Weinreben, Ulmen, Bergeschen, Föhren, Holzäpfel, Palmen »und die Pinie mit hochgebundenem Haar und struppigem Wipfel«. Sie war ebenso ein Baum, in den ein Mensch verwandelt wurde, wie der letzte in diesem Katalog der Bäume: die Zypresse. Einst war sie ein Knabe, den Phöbus Apoll liebte und bei den Nymphen leben ließ, die einen gewaltigen weißen Hirsch als heilig verehrten. Sein Geweih glänzte wie Gold, er war mit Geschmeide aus Edelsteinen und Perlen geschmückt, wanderte frei und ohne Scheu zu den Häusern der Menschen, ließ sich von dem Knaben Cyparissus reiten und streicheln und mit Blumenkränzen schmücken. Und er legte sich eines heißen Mittags zu ihm in den Schatten eines Baumes. Da drehte Cyparissus sich um und bohrte ihm dabei den Jagdspeer so unglücklich und tief ins Herz, daß der weiße Hirsch verblutete. Cyparissus war untröstlich. Er wollte auch nicht mehr leben. Er bat den Himmlischen um die einzige und letzte Gnade, immerfort trauern zu dürfen. Da spürte er, wie er sich das Blut aus dem Leibe weinte, wie seine Glieder grün wurden, »und das Haar, das ihm eben noch in die schneeweiße Stirn hing, begann ein struppiger Schopf zu werden, sich starr aufzurichten und mit schlankem Wipfel zum gestirnten Himmel aufzublicken. Da seufzte der Gott auf und sprach betrübt: ›Du wirst von mir betrauert werden, andere betrauern und den Trauernden beistehen.‹«

So schuf sich Orpheus den schattigen Hain, in dem er trauern konnte, so wurde die Zypresse der Grabesbaum des Südens, immergrün, schlank wie eine Flamme, düster wie die Trauer. Nach der iranischen Sage stammt sie aus dem Paradies und hat die Engel gekannt. Horaz meinte beobachtet zu haben, daß die Zypresse schneller als andere Bäume wüchse, und sah sie als die verkörperte Mahnung, das Leben, das so schnell enteilt, zu nutzen.

So stehen Zypressen auf Toteninseln, Friedhöfen, vor Trauerhäusern. Ein Reisender berichtete von der Beerdigung eines Bauern bei Smyrna, das heute Izmir heißt, bei der jeder im Trauerzuge eine junge Zypresse trug und neben dem Grab einpflanzte. Gingen sie an, so war der Verstorbene im Paradies. Verdorrten sie, so peinigten ihn die schwarzen Engel des Todes so lange, bis ihn die Gebete der Hinterbliebenen und die Fürsprache des Propheten erretteten. In Frankreich nannte man die Zypresse die treue Freundin der Toten, und Lord Byron umschrieb in zwei Zeilen ihre ewige Rolle: »Dark tree! still sad when other's grief is fled – The only constant mourner o'er the dead!« Es ist das Immerwährende, das eine Pflanze zum Symbol einer immerwährenden Trauer macht, der Trauer, die beständig anhält und sichtbar ist, wenn sie im Menschen, wie Byron sagt, schon längst verklungen ist.

Damit ist die Geschichte der Zypresse noch nicht zu Ende. Adam, der biblische Urvater, wurde der Überlieferung nach im Hebrontal beerdigt, und aus seinem Leibe sprossen drei Bäume: Zeder, Zypresse und Pinie. Sie verschlangen sich so miteinander, daß sie einen einzigen Stamm zu bilden schienen: irdisches Zeichen der göttlichen Dreieinigkeit aus Zeder für den Vater, Zypresse für den Sohn und Pinie (oder Palme) für den Heiligen Geist.

Die Geschichte dieses Wunderbaumes zieht sich durch alle Bücher der Bibel, bis zu den Legenden vom Holz des Kreuzesstammes. Zu mächtig ist das Bild der trauernden Bäume, zu mächtig das von der Kraft der Natur, vom Wachsen und Vergehen, vom ewigen Kreislauf, der aufgebrochen wird von einer göttlichen Hand, so daß seine Geschöpfe nicht mehr gefangen sind im Irdischen, nicht mehr gefesselt an den Kreuzesstamm: »Noch heute«, sagte der Mann am Kreuz aus dem Dreierleiholz, »wirst du bei mir im Paradies sein.«

Im Paradies, im unverwelklichen Garten.

Gartenfriedhöfe

Kostbare Grablegen im Dom: weiße Marmorgestalten im Ornat oder in der Ritterrüstung auf Marmorsarkophag, fromm gefaltete und ringgeschmückte Marmorhände, Füße, die sich aufs treue Hündchen stützen. Oder Epitaphe aus schwarzem Marmor mit Gold und Elfenbein, so hoch wie die Kirchenwand, das Abbild des meist knienden und betenden Verblichenen von Engeln und Skeletten umgeben, politischer Prunk also, fromme Mahnung und persönliche Ruhmsucht.

Dagegen die anonymen Gräberfelder, seit der Antike bekannt, oder die Ossarien, die Beinhäuser neben Kirchen und Klöstern, in denen die Schädel und Knochen der Toten aufgestapelt wurden, die Platz machen mußten für neue Generationen, für neue Gräber bei der Kirche und ihren Heiligen. Kirchhöfe also oder Friedhöfe, geweihte Erde dicht bei den Häusern der Stadt und doch von ihnen getrennt durch eine Mauer, die den Bezirk begrenzte. Nur ein Getaufter durfte hier bestattet werden, Juden hatten eigene Friedhöfe, Selbstmörder wurden vor der Friedhofsmauer begraben, Gehängte oder Geköpfte auf dem Schindanger verscharrt, und Kinder, die ihre Geburt nicht erlebt und nicht noch schnell hatten getauft werden können, bettete man auf einen eigenen Platz für die Unschuldigen, oder man begrub sie so an der Kirchenmauer, daß Gottes Regen auf sie traufen und sie immer aufs neue reinigen konnte.

Eine ewige Taufe, die der Schöpfer des Himmels und der Erden selber vornahm. Das waren feste Vorstellungen und feste Gesetze.

Dann kamen die Jahrhunderte der Pest, und keiner wurde der Toten Herr, dann kamen die Kriege, die Jahre und drei Jahrzehnte dauerten, und keiner blieb mehr übrig, der die Gefallenen und Erschlagenen und Verhungerten hätte anständig bestatten können. Der Tod war so gegenwärtig wie einer aus der eigenen Familie, wurde Gevatter Tod, und im Märchen bat ihn der Bauer zum Paten seines Neugeborenen, weil er sonst keinen Lebenden wußte.

Später, Generationen später, wollte man den Tod nicht mehr so dicht neben sich haben, und weil die städtischen Brunnen und die kirchlichen Friedhöfe oft so gefährlich benachbart waren, weil auch während der großen Seuchen abgelegene Massengräber benutzt worden waren, als man im Zeichen der Aufklärung nicht mehr an den ewigen Schutz Gottes und seiner Heiligen glaubte, weil die Erkenntnisse der Ärzte auf die öffentliche Hygiene angewandt wurden, ließen emanzipierte Herrscher allgemeine Friedhöfe weit draußen vor der Stadt eröffnen, immer noch von einer hohen Mauer umgeben, aber reglementiert von den Gesetzen der Vernunft. Sie legten im Detail fest, wie lange ein Toter noch in den Mauern der Stadt verweilen, wie klein die Grabstätte nur sein durfte, damit der Platz sparsam verwendet wurde, nach welcher Zeit eine Grabstätte wieder aufgelassen wurde und für wieviel Geld man sich dennoch etwas mehr Ewigkeit in Form eines Erbbegräbnisses leisten konnte.

So entstanden die Zentral- und Hauptfriedhöfe, von Garten- und Landschaftskünstlern angelegt, mit Grabstätten wie Denkmäler, Mausoleen im antiken Stil und Marmorgruppen der trauernden Hinterbliebenen, porträtecht bis zur Frisur im Stil der gerade regierenden Kaiserin.

Friedhöfe für Touristen, die in den Reiseführern von Paris, Saint Tropez oder Hamburg erwähnt und von den Städten nicht der Toten und ihrer Ruhe wegen gepflegt werden, sondern weil die berühmten Verstorbenen gut für die Reputation der Lebenden sind.

Aber auch: Schönheit der Natur als Spiegelbild der gnädigen göttlichen Harmonie. Ein Ort für Gefühle, ein Ort, an dem die Seele sich heimisch fühlt, Grabstellen, die mit der Landschaft verschmelzen, Haine, die Kapellen umschließen. Schöne Orte. Orte zum Verweilen, Orte, an denen Schönheit zu ertragen ist und den Verlust nicht noch schmerzlicher macht, sondern im Gegenteil zu stillen weiß: schattige Bäume, gepflegte Wege, Rosen und Efeu, Vogelgesang, Eichhörnchen, die zutraulich um ein Bröcklein betteln – das besänftigt. Das läßt die Gedanken friedlich umherstreifen, vielleicht in die Kindheit. Blütenfülle, Bienengesumm, Duft. Tod und Paradies, Schatten und Licht, Rosen und Vergänglichkeit, und wir inmitten.

Hyperions Schicksalslied

(...)
Doch uns ist gegeben,
Auf keiner Stätte zu ruhn,
Es schwinden, es fallen
Die leidenden Menschen
Blindlings von einer
Stunde zur andern,
Wie Wasser von Klippe
Zu Klippe geworfen,
Jahr lang ins Ungewisse hinab.

FRIEDRICH HÖLDERLIN

Quartett

»Hin ist all meine Kraft, alt und schwach bin ich –«, das ließ Joseph Haydn auf kleine Karten drucken, angeblich um zu erklären, warum seine Musik nun anders klang. Aber vielleicht hatte ihn die Erkenntnis überwältigt, was das Nahen des Todes bedeutet, und diesen Satz denken und sagen lassen, der mit seiner biblischen Wucht das Erstaunen ausdrückt, das Eingeständnis, die Trauer.

Hin ist all meine Kraft – ich kann nicht mehr das heben und halten, was ich gestern noch mit leichter Hand bewegte. Ich kann auch nicht mehr so denken wie einst. Es fällt mir nicht viel mehr ein, das über das hinausginge, was ich schon längst gedacht habe. Haydn fiel kein Klang mehr ein, den er nicht längst in Noten festgehalten hatte. »Er nimmt nichts mehr auf«, sagen die Kinder vom alten Vater, »er nimmt nichts mehr wahr, er sagt immer dasselbe, er wiederholt nur noch, woran sich das Gehirn erinnert, und je mehr von seinen jüngsten Schichten abbröckelt, je weniger von den ersterbenden wunderbaren Bewußtseinspartikeln unseres Ichs noch gehalten, festgehalten werden, desto tiefer greift die Erinnerung in die Vergangenheit zurück und holt uns die Lebensbilder noch einmal aus der Kampferkiste der Jahre hervor, in denen wir noch leichtfüßig waren.

Hin ist all meine Kraft, alt und schwach bin ich. Alt und schwach in einem Atemzug. Und dann höre ich, alt und schwach, das, was Joseph Haydn komponiert hat, als er diese Worte schrieb: Quartette, ein Quartett, in dem die Geigen, die Viola und das Cello ihre Grenze überschreiten und zu

Menschenstimmen werden, ruhige, langsame Stimmen voller Trauer, und da ist nichts alt und schwach, nur anders, nämlich sich dessen bewußt, daß der Schwung nun bemessen ist, der schnelle Schritt gehemmt.

Ach, laß doch die Leichtfüßigkeit. Schau dir an, was dir das Leben beschert hat. Was es dir gelassen hat. Vielleicht nicht so viel wie Haydn, aber jedes Leben hat sein eigenes Maß und seine eigenen Reichtümer.

Und was soll ich tun, wenn mir, alt und schwach, überhaupt nichts geblieben ist? Kein Glück, kein Kind, geraubtes Erbe, in alle vier Winde verschwundene Familie? Wenn ich Gott verfluche und Menschen mißtraue, die in Ruhe Haydn hören können? Wenn ich mutterseelenallein im Leeren stehe, nichts neben mir, nichts vor mir, nur der Tod?

Ich zittere, daß ich es wirklich wäre, die nichts als ein Krümchen in der Leere ist. Ich hoffe, daß Er mich auch dann fände und zu sich nähme.

Requiem

Es gibt einen Brief um einen Tod und ein Geheimnis, der eine Musikgattung für immer berühmt und so schauervoll gemacht hat, wie es ihr zusteht – auch für jene, denen diese Gattung nur musikhistorisch von Interesse ist.

Der Brief ist datiert »Wien, im September 1791«. Er ist italienisch geschrieben, und man weiß nicht, an wen er gerichtet ist. So steht dieser Brief als »an einen Unbekannten« in den verschiedenen Sammlungen, und in einer Fußnote wird mitgeteilt, daß es sich wohl um Lorenzo da Ponte handelt, der zu dieser Zeit in London war. Der Autor des Briefes ist Wolfgang Gottlieb Mozart, dessen zweiter Vorname der Mode entsprechend bald ins Lateinische oder Französische übersetzt worden war: Amadeus oder Amadé: »Mein Kopf ist verstört, ich kenne mich kaum. Ich kann das Bild jenes Unbekannten nicht aus den Augen bringen. Ich sehe es immer, er bittet mich, er drängt mich, und ungeduldig verlangt er die Arbeit von mir. – Ich schaffe daran weiter, denn das Komponieren ermüdet mich weniger als die Rast. – Ich habe von keiner Seite sonst etwas zu fürchten. – Ich fühle es an meinem Befinden, daß die Stunde schlägt. Ich bin bereit, zu sterben. Ich bin zu Ende, ehe ich mein Talent genossen habe. – Das Leben war doch so schön, die Laufbahn begann unter so glücklichen Vorzeichen. – Aber man kann sein Schicksal nicht ändern. Niemand mißt sich selbst die Lebenszeit zu. Man muß sich dareingeben, es wird das geschehen, was der Vorsehung gefällt. – Ich schließe. Da ist meine Totenmesse, ich darf sie nicht unvollendet lassen. Mozart«

Mozart auf dem Totenbett, fünfunddreißig Jahre alt. Sophie, seine Schwägerin, stand ihrer Schwester Konstanze in dieser Stunde bei und schrieb später auf: »... Da war der Süßmayer bei Mozart am Bette. Dann lag auf der Decke das bekannte Requiem, und Mozart explizierte ihm, wie seine Meinung sei, daß er es nach seinem Tode vollenden sollte ... Sein letztes war noch, wie er mit dem Munde die Pauken in seinem Requiem ausdrücken wollte; das höre ich noch jetzt ...«

Das Requiem, die Totenmesse.

Requiem aeternam dona eis, Dominum, et lux perpetua luceat eis, die ewige Ruhe gib ihnen, Herr, und das ewige Licht leuchte ihnen. Diese Worte sind der Anfang des 64. Psalms, und sie werden zu Anfang und zum Abschluß einer katholischen Totenmesse gebetet. Und weil die Meßtexte früher gesungen wurden, weil die Bischöfe ihren Kirchenmusikern immer wieder in allen Jahrhunderten den Auftrag gaben, Messen zu komponieren, die heute auch allein und für sich im Konzertsaal gespielt und gesungen werden, haben sich die Gebete oder nur die Anfangswörter der Gebete selbständig gemacht. Ein Requiem ist ein Musikstück, und Musiker komponieren ein Requiem, als ob es nichts mehr mit einer Messe zu tun hätte.

Die Bitte, »gib ihnen die ewige Ruhe, o Herr«, steht aber in der Messe am Todes- oder Begräbnistag mit anderen Bitten in einer Reihe, die dem Zustand der Trauernden entspricht, die den letzten Weg beschreibt, die sich nicht um irdische Empfindsamkeit schert, sondern voller Wucht in die Seele bricht: Klage, Anklage, Schuld und Reue, alles was der Tod aufgewühlt hat, aber zu welchem Ende werden die Trauernden geführt!

Nach dem Requiem heißt es also im Traktus: »Absolve Dominum ...« »Befreie, o Herr, die Seelen aller verstorbenen Gläubigen von jeder Fessel der Schuld.« Und dann folgt ein Gesang wie von Erzengeln, in dem das Rachegericht so beschrieben wird, daß man es wirklich nur mit Pauken und Trompeten donnern hören kann: »Dies irae, dies illa / Solvet saeclum in favilla ...«, was im Meßbuch so übersetzt steht: »Tagt der Rachetag der Sünden, wird das Weltall sich entzünden.«

Und dann wird das Zittern und Beben vorm himmlischen Gericht beschrieben: »Weh, was werd ich Armer sagen?« Seufzen, Reue, Gnade, Hoffnung, »daß ich mög der Höll entgehen.« De profundis – aus der Tiefe schrei ich zu dir, o Herr. Und so werden aus den dies irae, den Tagen des Zorns, die lacrimosa dies illa, jene Tage der (Reue)Tränen, und der Gesang aus der Tiefe schließt abermals mit der Bitte: »dona eis requiem«, schenk ihnen (ewige) Ruhe.

Danach wird das Johannes-Evangelium gelesen, das von Martha erzählt, die nach dem Tod ihres Bruders als erste zu Jesus sagt: »Ich weiß, daß er auferstehen wird bei der Auferstehung am Jüngsten Tage« – in novissimo die –, und Jesus gibt die Antwort, die bis heute auf vielen Parten oder Gedenkzetteln der frommen Christen zu lesen ist: »Ich bin die Auferstehung und das Leben; wer an Mich glaubt, der wird leben, auch wenn er gestorben ist; und jeder, der lebt und an Mich glaubt, wird in Ewigkeit nicht sterben.«

Und als Kommunionsgebet noch einmal die eine einzige große Bitte: »Requiem aeternam dona eis, Dominum ... Herr, gib ihnen die ewige Ruhe, und das ewige Licht leuchte ihnen.«

Das bitten die Trauergäste für den Verstorbenen, das bitten sie für sich, und weil dieser »machtvolle Beistand« als so wichtig erachtet wurde, hat der Abt Odilo von Cluny Anfang des 11. Jahrhunderts in seinen Klöstern am 2. November für alle Verstorbenen eine Messe lesen lassen. Das ist die Wurzel des Allerseelentages, an dem die Hinterbliebenen, nicht nur in katholischen Gegenden, auf den Friedhof gehen, die Grabpflanzen für den Winter richten und eine brennende Kerze aufs Grab stellen, gern in einem roten Plastikgehäuse wie das Ewige Licht in der Kirche.

Kerzen, Flammen und Gebete, die wie Rauch in den Himmel steigen, und vielleicht geht mancher dann heim und legt sich eine CD auf und hört das Requiem von Wolfgang Amadé Mozart.

Ruhe seiner Seele.

Abendlied

Augen, meine lieben Fensterlein,
Gebt mir schon so lange holden Schein,
Lasset freundlich Bild um Bild herein:
Einmal werdet ihr verdunkelt sein!

Fallen einst die müden Lider zu,
Löscht ihr aus, dann hat die Seele Ruh;
Tastend streift sie ab die Wanderschuh,
Legt sich auch in ihre finstre Truh.

Noch zwei Fünklein sieht sie glimmend stehn
Wie zwei Sternlein innerlich zu sehn,
Bis sie schwanken und dann auch vergehn,
Wie von eines Falters Flügelwehn.

Doch noch wandl ich auf dem Abendfeld,
Nur dem sinkenden Gestirn gesellt;
Trinkt, o Augen, was die Wimper hält,
Von dem goldnen Überfluß der Welt!

GOTTFRIED KELLER

Rubinglas

Warum lebe ich noch? Ich weiß, wie die Dinge sind. Weiß, wie guter Bordeaux schmeckt. Wie die Luft nach dem Gewitter riecht. Wie einen die meisten beim ersten Anlaß verraten. Wie quälend Schmerzen, wie selig Freuden sind. Da gibt es nichts Neues mehr, nichts kann mich überraschen, und ich bin der ewigen Wiederholungen leid.

Und die Müdigkeit wächst. Ich wache im Morgengrauen auf, aber ich schlafe beim Lesen ein. Ich schlafe, sowie ich die Augen schließe. Ich werde träge. Ich denke: Ach, das kann ich auch morgen machen. Oder nie. Laß es doch liegen. Sollen es die nach mir erledigen. Ich brauche nicht mehr viel, und ich hänge nur noch an wenigem. Ich gebe das fort, was zu anderen will oder zu anderen gehört. Nicht weil ich das biblische Schicksal der vergänglichen Gegenstände, Rost und Motten, vermeiden möchte, sondern weil ich finde: Ich habe die Sachen lange genug benutzt, nun können sie in andere Hände kommen. Ich möchte erleichtert sein, ich will nicht grübeln: Wer soll nach meinem Tode dies bekommen oder jenes?

Es gab in der Familie einen Urgroßonkel, von dem nichts blieb als sein Testament aus der Zeit vor dem Ersten Weltkrieg. Zwanzig oder dreißig glatte, schöne, handgeschöpfte Büttenbögen mit immer neuen Vermächtnissen und deren Aufhebung. Meine Großtante las manchmal daraus vor wie aus einem Roman und lachte Tränen, denn aus den wütenden Worten an die Nachwelt erstand noch einmal die ganze Familiengeschichte mit ihren Verhängnissen und Gezänken.

»Nichts«, sagte sie, »ist geblieben. Sein Vermögen hat er verspekuliert, sein Sach ist schon vorher in alle Winde verweht. Ich habe ihn dann zu Tode gepflegt.«

Aber so stand es da: »Dem ältesten Sohn meiner jüngsten Schwester mein böhmisches Glas. Dem ältesten Sohn meiner jüngsten Schwester kein böhmisches Glas wegen hartnäkkiger Undankbarkeit. Mein böhmisches Glas dem ältesten Zwilling meines Vetters in L. Meinem jüngsten Bruder gar nichts wegen seiner haltlosen üblen Nachrede. Das böhmische Glas ...«, und so ging es weiter, bis er gestorben war.

Das alte Spiel, herzzerreißend, weil aus solchen verbitterten Zeilen die Angst der Alten spricht, alleingelassen zu werden. Mit was kann man die Kinder locken? Oder gegeneinander ausspielen, daß sie alle an der Angel der Habgier zappeln und kommen, um zu bekommen? Mit einem Sack Silbertaler? Mit einem rubinroten Glas?

Nicht geizig sein und an den Dingen klammern und Habgier wachsen lassen. Freiwerden, auch in Kopf und Seele. An das denken, was mit jedem Tag, jeder Stunde wichtiger wird.

Dinge lenken nur ab. Sie bleiben. Die Kommode meines Urgroßvaters steht glatt und glänzend da. Ich habe sie, mit glatter und glänzender Haut, geerbt. Wenn ich sie anschaue, habe ich wieder glatte Haut, bin wieder ein Kind, sehe, wie meine Großtante die Lade öffnete, und rieche den Lavendelduft. Ich bin aber alt, und ich sollte mich von der Kommode nicht täuschen lassen. Ich bin nicht so dauerhaft wie das golden nachgedunkelte Eschenholz. Ich habe jetzt anderes zu tun als damals das Kind im Lavendelduft. Ich brauche ohnehin für alles mehr Zeit. Ich werde auch schwach. Ich kann nichts mehr tragen, ich kann mit bloßen Händen nicht mehr ein Marmeladenglas mit diesen luftdicht verschlossenen Deckeln öffnen. Ich habe Angst, den Tellerstapel zu heben. Was oben in den Schränken und Regalen liegt und steht, wird mir fern.

Ich will die Welt nicht mehr. Sie ist mir zu laut, zu schnell, zu hastig. Ich werde herumgestoßen und von fremdem Gelärm und Gestank überwältigt. Ich verstehe nicht mehr, was der Text auf Gebrauchsanweisungen bedeutet, was das Finanzamt eigentlich will. Die Sprache geht andere Wege. Kein Buch, keine Neuerscheinung, keine Übersetzung, in der nicht das schlampige Schrumpfdeutsch wucherte. Sollen doch die Informationshalden schrumpfen, soll die Glotze sich für ewig in ihre Pixel auflösen. Soll doch die ganze Elektronik verdorren, damit wieder Ruhe einkehrt. Sie haben keine e-Mail und keinen Internet-Anschluß? Sie haben keine Homepage?

Ich habe ein Home, und das reicht mir nun. Wer mich kennt, der kennt mich, und die anderen? Gehen sie mich noch etwas an? Wie kurz ist die Zeit noch, die mir bleibt, mit dem Bleistift Wörter auf weißes Papier zu schreiben. Kann ich nicht sagen: Es reicht?

Das sage und das denke ich, wenn ich allein bin, wenn ich mir die Bilder der toten Freunde betrachte, der Freunde, die mir so fehlen. Warum soll ich noch bleiben? Muß ich warten, bis sich mein Körper auflöst? Bis ich Windeln brauche und die Kinder einen Platz im Pflegeheim suchen müssen? Bis ich nicht mehr weiß, ob ich in meinem oder einem Pflegeheim-Bett liege, wie lange ich schon liege. Bis ich auch nicht mehr weiß, was Tag und Nacht sind, bis ich aus der Zeit falle, nur in der Sekunde der Gegenwart existiere? »Herr«, heißt die alte Bitte, »in deine Hände übergebe ich meinen Geist.«

Und mein armer Leib? Die irdische Hülle, die mir wie ein schweres, überflüssiges Gewand von der Seele gleitet? Aber vielleicht erst Monate oder Jahre, nachdem mein Gehirn das, was wir als Geist verstehen, funktionsuntüchtig gemacht hat. Ich möchte nicht sterben, aber ich bin bereit zu sterben.

Und seltsam, dann wird alles zum Geschenk. Welche Wonne, morgens zu erwachen und keine Schmerzen zu haben. Alle Glieder regen zu können – na ja, manche etwas vorsichtiger, aber immerhin, man kommt auf die Beine, und wenn es Sommer ist und meine Rosen und meine Dahlien blühen – mein Gott, ist das Leben schön.

»Nein«, sagte Astrid Lindgren im Jahr, bevor sie starb, »ich habe keine Angst vorm Tod. Ich möchte sterben, aber noch nicht heute.«

Nein, noch nicht heute. Ich muß diese Zeilen zu Ende schreiben. Morgen will ich Rote Grütze kochen, weil es endlich einheimische Himbeeren auf dem Markt gibt. Im August wollen wir den Jüngsten in Berlin besuchen. Am Wochenende kommt der Älteste mit seiner Frau zum Essen. Nächste Woche feiert ein Freund seinen 80. Geburtstag. Und dann ist Klassentreffen in der Stadt, in der ich in die Schule gegangen bin. Und nächste Woche ...

Möge mir vergönnt sein, daß die Freude am Leben immer noch auch nur ein wenig größer ist als die Sehnsucht nach dem Tode. Noch eine Weile.

O Ewigkeit, du Donnerwort

Kein Mensch kann im Leben alles erledigen, was zu erledigen wäre. Und was bleibt alles zurück: nie gestillte Rache, nie vollendetes Werk, nicht beantwortete Briefe, nie ausgesprochene Bitten um Vergebung, nie aufgeräumte Kommodenschubladen, das nie gesagte Wort der Liebe, die nie beschrifteten Photographien, von denen später keiner mehr weiß, wen sie darstellen, das nie diktierte Testament, was in der Bibel noch so genannt wird: sein Haus bestellen.

Und was tragen wir mit dem Toten zu Grabe? All seine Erinnerungen und seine Geschichten, auch seine Geheimnisse. Ach, hätte ich ihn oder sie nach diesem oder jenen aus der Familiengeschichte gefragt! Hätten wir noch einmal, als sie noch laufen konnte, ihren Lieblingsspaziergang am Fluß entlang gemacht! Hätte ich ihm doch das anständige Bett gekauft, auch wenn er gesagt hat: »Das lohnt sich ja gar nicht mehr«! Hätte ich mehr Liebe gezeigt! Wäre ich geduldiger gewesen! Hätte ich die arme, einsame Frau öfter in ihrem Heim besucht! Hätte ich sie wenigstens manchmal angerufen! Hätten wir rechtzeitig die Reise mit dem Schwager nach Athen unternommen, hätte ich nicht immer gesagt: »Jetzt paßt es nicht, jetzt hab ich keine Zeit«!

Hätte ich mich nicht von der Tücke und der Bosheit der alten Verwandten abstoßen lassen, hätte ich ihre bittere Einsamkeit dahinter gespürt, ihre Todesangst, ihr Mißtrauen, ihre Unfähigkeit, sich anders als in Gift und Galle auszudrücken, anders als mit Nadelstichen um Hilfe zu flehen.

Es ist doch alles vorauszusehen: Wir wissen, daß das Leben nicht ewig währt und daß wir nur diese eine Gelegenheit auf Erden haben. Wir leben mit unserem Tod. Irgendwann tritt er aus seinem Schweigen heraus und sagt: »Komm!« Das ist das einzige auf der Welt, was gewiß ist.

Sage ich zu meiner Schublade: Morgen räume ich dich auf!, weil ich damit einen Pakt mit dem Tod schließe: Warte bis morgen? Vollführe ich damit eine magische Beschwörung wie ein Schamane, der in Urzeiten den Tod bannen mußte, während die Männer auf Mammutjagd gingen? Ich weiß, daß ich nicht unsterblich bin, aber irgend etwas in mir sagt: Du bist gefeit. Du wirst verschont. Das ist vermessen, aber ich kann diesen Gedanken nicht mit Vernunft vertreiben, nicht mit der Logik und der Erfahrung und allen anderen Tricks, mit denen wir uns Tod und Leben verständlich machen.

Ich weiß, daß ich sterblich bin. Jeder weiß, daß seine Eltern und Großeltern sterben werden, aber als mein Großvater wirklich starb, zerriß es mir das Herz, als ob er der erste Mensch gewesen wäre, den ich sterben sah.

Liegt das Entsetzen auch darin, daß ich nun in der ersten Reihe stehe, daß mir der Wind der Ewigkeit ungeschützt ins Gesicht bläst? Oder daß mir mulmig wird, wenn ich daran denke, daß ich mich rechtfertigen müßte? Daß eigentlich in jedem Gedanken an den eigenen Tod auch der einer Rechtfertigung liegt? Wie habe ich gelebt? Was hätte ich besser machen können? Wieviel Zeit habe ich vergeudet mit Nichtsnutz? Wieviel Zeit bleibt mir noch, um – ja: *was* zu tun?

Keiner kann von vorn anfangen. Aber man kann nachdenken und endlich die Ausflüchte sein lassen. Vergib uns unsere Schuld, wie auch wir vergeben unsern Schuldigern. Eben diese Bitte mit den Schuldigern versteht man erst, wenn man mit den Erfahrungen und erlittenen Schmerzen des Lebens an jene denkt, die uns etwas schulden, die uns gekränkt, betrogen, verraten, beleidigt, belogen und bestohlen haben, die – wie wir meinen – uns um Vergebung bitten müßten.

Ich bitte im Vaterunser aber darum, daß ich imstande bin, ihnen zu vergeben. Wer bin ich denn, daß ich selbstgerecht die andern um Vergebung flehen sehen möchte? Das Gericht ist nicht meine Sache. Ich soll mich nicht anmaßen. Ich soll denen vergeben, die mich verletzt haben, so tief verletzt, daß ich immer noch, Jahre später, nachts davon träume und mit dem Gefühl eines schmerzhaften Verlustes aufschrecke. Ihnen soll ich vergeben, damit ihnen die Seele wieder leicht wird, damit sie nicht aus schuldbelasteten Träumen aufschrecken müssen.

Aber auch meinetwegen. Denn ihre Schuld verändert auch mich, hat mich vielleicht schon verändert. Sie bringt mich dazu, meine Schuldiger zu hassen, ihnen alles erdenklich Böse auf den Pelz zu wünschen: Möge Gott sie strafen! Mögen sie in der Hölle braten!

Will ich so denken, wie ich in meinem ganzen Erwachsenenleben nicht gedacht habe, nicht denken wollte und will? Will ich mich jetzt, am Ende des Weges, dazu bringen lassen?

Als Kind habe ich mir den Schuldiger immer als alten dicken Kerl vorgestellt, der mich höhnisch angrinst und seinen Geldsack umklammert. Später verblaßt das Kinderbild. Später merkt man, was alles in diesen knappen Bitten des Paternosters steckt.

Manchmal

Manchmal sagst du bange
zu deiner Uhr:
geh nur nicht so schnell –
es bleibt nicht mehr lange
so hell.

Nur einen Augenblick
bleib stehen,
dann kann auch das Glück
noch nicht gehen.
Gönn mir die Stunde!
Denn keine Sekunde
kommt wieder zurück.

WOLFGANG BORCHERT

Prüfstein

Ein Gespräch auf dem Kirchplatz am Sonntag mit dem jungen Kaplan, der die Messe gelesen hat. Eine Frau erzählt von der Mutter, von ihrem langen und schweren Krankenlager. »Ich«, sage sie, »möchte so nicht sterben müssen. Ich möchte im Schlaf sterben.«

Die um sie herumstanden, nickten und sagten, ja, das wünschten sie sich auch. Einen schnellen Tod, einen Tod, den man gar nicht merkt. Da brach es aus dem Kaplan heraus: »Ach, was seid ihr mir für Christen! Ich will doch mit offenen Augen erleben, wie sich mir der Himmel öffnet! Das ist doch der höchste Moment, wenn das wahre Leben im Paradies beginnt! Das habt ihr doch eben im Glaubensbekenntnis gebetet: Ich glaube an die Auferstehung von den Toten und das ewige Leben, Amen! Das ist doch der Prüfstein: Glaube ich das bis zum Augenblick des Todes? Oder fürchte ich mich!?«

Die Frauen schwiegen. Er war ein junger Mann, voller Begeisterung, und wenn er predigte, spürte man die Festigkeit und die Freude seines Glaubens. Jede der Frauen hätte seine Mutter sein können. Sie kannten Geburt und Tod. Sie kannten die Qual des Siechtums, den langsamen Zerfall der Alten, die nichts mehr mit offenen Augen wahrnehmen konnten.

Oder doch? Sollten sie das am Ende glauben?

Sie gingen fort, jede mit dem Gedanken an den eigenen Tod, und niemand weiß, wie er sein wird.

Frühlingsruhe

O legt mich nicht ins dunkle Grab,
Nicht unter die grüne Erd hinab!
Soll ich begraben sein
Lieg ich ins tiefe Gras hinein.

In Gras und Blumen lieg ich gern,
Wenn eine Flöte tönt von fern,
Und wenn hoch obenhin
Die hellen Frühlingswolken ziehn.

LUDWIG UHLAND

Rasen

Meine Großmutter starb in hohem Alter rasch und leicht. Sie war eine Pastorentochter und hatte in den letzten Jahren in einer katholischen Domstadt bei ihrem Sohn gelebt. Sie war nach ihrem Tode verbrannt worden, und mein Onkel hatte mir gesagt, wann die Urnenbeisetzung stattfinden sollte.

Ich kam angereist, doch als wir uns im Friedhofsbüro meldeten, war keine Urne zu finden.

»Aber das ist doch unglaublich! Ich habe doch Ihre Benachrichtigung bekommen!« rief mein Onkel, während ihm der Friedhofsmann klarzumachen versuchte, das läge nur daran, daß »Ihre Frau Mutter« sich nicht wie eine rechte Christin hat beerdigen lassen. Das brachte meinen Onkel in Zorn, und so ging es hin und her. Nach einer Weile gesellten sich ein Angestellter und sein Geselle, der die Urne zu Grabe tragen sollte, zu den beiden und schimpften mit.

Wir aber, die Trauergesellschaft, zwei Frauen und ein Junge, der immer noch schmollte, weil er seinen ausgewachsenen schwarzen Konfirmationsanzug hatte anziehen müssen und nicht die Jeans, »so wie mich Öhmchen immer gekannt hat«, wir standen im Vorraum des Friedhofsbüros und wurden müde.

Meine Tante lehnte sich an einen Stapel Pappkartons an der Wand, und weil der oberste ins Rutschen kam, schaute sie ihn an und schrie: »Da ist ja Öhmchen!«

Ein Pappkarton mit dem Absender einer Einäscherungsanlage in einer weitentfernten Stadt, die für die Domstadt die Nicht-Katholiken versorgte. Ein Pappkarton, spannelang und spannehoch, unter »Inhalt«: der Name meiner Großmutter.

Dann ging alles sehr schnell. Die Trauergemeinde wurde in die Kapelle gescheucht, Orgelklang, Ansprache, Auftritt des Urnenträgers und seines Gesellen, die uns voran aus der Kapelle marschierten.

Es war ein Tag im Herbst. Der Himmel so blau, das Laub so golden, wie es nur möglich war. Wir gingen gemessenen Schrittes über den knirschenden weißen Kies, gingen die Hauptallee entlang, bogen in Wege ein, folgten Nebenwegen, die Bäume wurden spärlicher, eine hohe Hecke kam in Sicht, wie eine innere Burgmauer, dahinter ein schmaler Streifen Niemandsland, struppiger Rasen und Brennesseln, ungeweihte Erde. Dann ein Staketenzaun, äußere Verteidigungsanlage, mit einem Törchen. Der Urnenträger und sein Geselle zwängten sich durch eine Lücke in der Hecke. Nach ein paar Schritten hatten sie ein Loch im Rasen erreicht und blieben davor stehn. Während wir, wie gelähmt, versuchten auf dem abfallenden Rasenstreifen so Fuß zu fassen, daß wir auch etwas von der Urnenversenkung sehen konnten, kreischte das Gittertörchen. Zwei Stadtstreicher kamen herein, alte Männer. Sie trugen dicke, zerschlissene Mäntel, jeder zwei, drei Plastiktüten, oben schauten fast schwarze Bananen heraus, wohl das erbettelte Mittagessen, das sie nun in Frieden und in der Herbstsonne auf dem Kirchhof genießen wollten. Wir aber standen zwischen Tor und Heckenöffnung und versperrten ihnen den schmalen Weg. So blieben sie stehen, schauten uns mit trauervoller Miene an, falteten die schmutzigen Hände und hörten zu, wie der Urnenträger seine Sätze sprach. Und als wir das Vaterunser beteten, stimmten sie mit ein. Dann senkte der Geselle die Urne in das Loch, deckte es wieder mit dem ausgestochenen Rasenstück zu und legte eine kleine Holztafel mit dem Namen meiner Großmutter auf die Rasenwunde. Schnelles Händeschütteln, Beileid, und eilig fort zur nächsten Beerdigung.

Die beiden Bettler aber traten zu uns, schauten mit Tränen in den Augen auf das seltsame Grab, falteten wieder die Hände, umarmten uns, lobten das schöne Beerdigungswetter, fragten nach der werten Toten, nickten voll Mitgefühl und begleiteten uns mit ihren raschelnden Plastiktüten durch die Hecke. Ihre Bank stand in der Nähe, unter einem der goldenen Bäume, aber in der wärmenden Sonne. Sie verabschiedeten sich von uns wie ein altes Vetternpaar und blieben respektvoll stehen, bis wir uns entfernten.

Ich schaute mich, als wir in den nächsten Weg einbogen, noch einmal um. Sie saßen auf der Bank und hatten ihr Essen zwischen sich ausgebreitet, und über ihnen raschelte der Baum mit seinen goldenen Blättern, der aus der geweihten Erde wuchs.

Nachweise zu den Gedichten

Werner Bergengruen, *Leben eines Mannes*: Der Text wurde entnommen aus Werner Bergengruen, Meines Vaters Haus. Gesammelte Gedichte. Hg. von N. Luise Hackelsberger. © 1992, 2004 by Arche Verlag AG, Zürich-Hamburg

Wolfgang Borchert, *Manchmal*: Der Abdruck erfolgt mit freundlicher Genehmigung der Rowohlt Verlag GmbH, Reinbek b. Hamburg.

Paul Celan, *Todesfuge* (Ausschnitt): Der Text wurde entnommen aus Paul Celan, Mohn und Gedächtnis. © 1952 Deutsche Verlags-Anstalt GmbH, Stuttgart.

Hilde Domin, *Unterricht*: Der Text wurde entnommen aus Hilde Domin, Gesammelte Gedichte. © S. Fischer Verlag GmbH, Frankfurt am Main 1987.

Robert Gernhardt, *Gespräch mit dem Wolf*: Der Text wurde entnommen aus Robert Gernhardt, Lichte Gedichte. © Robert Gernhardt 1997. Alle Rechte vorbehalten S. Fischer Verlag GmbH, Frankfurt am Main.

Hermann Hesse, *Am Ende*: Der Text wurde entnommen aus Hermann Hessse, Sämtliche Werke, Band 10: Die Gedichte. © Suhrkamp Verlag Frankfurt 2001.

Paul Klee, *Traum, Zurufe*: Die Texte wurden entnommen aus Paul Klee, Gedichte. Hg. von Felix Klee. © 1960, 1996 by Arche Verlag AG, Zürich-Hamburg.

Wolfgang Koeppen, *Und was nun?*: Der Text wurde entnommen aus Wolfgang Koeppen, Gesammelte Werke. © Suhrkamp Verlag Frankfurt 1986.

PIPER

Sybil Gräfin Schönfeldt

Die Jahre, die uns bleiben

Gedanken einer Alten über das Alter. 260 Seiten. Serie Piper

Das Alter nehmen, wie es eben ist. Sybil Gräfin Schönfeldt, die sich selbst zu den Alten zählt, hat sich wichtige und vor allem hilfreiche Gedanken über das Alter gemacht. Sie geht von ihren eigenen Erfahrungen aus: Man wird dem Körper untertan, das Zeitgefühl ändert sich, mehr und mehr Freunde sterben. Doch man ist auch glücklich über die Kinder und Enkel, man genießt es, außerhalb von Pflicht und Zwang zu stehen und zu tun, was einen freut. Gräfin Schönfeldt spart aber auch das Ärgerliche nicht aus: Ärger darüber, wie die Jungen über die Alten reden, daß überall so getan wird, als könnten die Alten mit ein bißchen Kosmetik und Gymnastik wie Junge funktionieren, daß junge Ärzte oft einfach grausam sind im Umgang mit den Alten und daß der Kult um die jungen Alten in der Werbung unerträglich ist. Sie führt viele Texte aus der Weltliteratur an und gibt auf die vielen Fragen zum Alter und Altern humorvolle und ehrliche Antworten.

01/1381/01/L

PIPER

Sybil Gräfin Schönfeldt
Kinder brauchen Großmütter

191 Seiten. Serie Piper

Großmütter (und Großväter!) haben bekanntlich alles, was Eltern nicht haben: Zeit, Muße, tröstende Worte, Phantasie und jede Menge Geschichten und Geschenke, die es nicht überall zu kaufen gibt. Kinder brauchen heute mehr denn je die ältere Generation. Sie brauchen auch Menschen, die von einer anderen Zeit und einer anderen Welt erzählen können. Jedes Kind ist begeistert, wenn eine Geschichte mit dem Satz beginnt: »Als dein Papi so klein war wie du ...«
Sybil Gräfin Schönfeldt gibt in diesem Buch ein höchst persönliches und lebendiges Plädoyer für die Großeltern. Denn was ein Kind von einer Großmutter und/oder einem Großvater bekommen kann, können niemals die Eltern geben.

01/1380/01/R